Paramhansa Yogananda

Das Geheimnis wahren Glücks

vianova

Verlag Via Nova

Paramhansa Yogananda

Das GEHEIMNIS wahren GLÜCKS

vianova
Verlag Via Nova

Übersetzung aus dem Englischen:
Jochen Lehner

Die Rechte an der Nutzung der deutschen Übersetzung von Jochen Lehner liegen beim Ansata Verlag, München, in der Penguin Random House Verlagsgruppe GmbH.

Originaltitel:
Yogananda, Paramhansa
How to Be Happy All the Time
Crystal Clarity Publishers, Nevada City, CA 95959

Crystal Clarity Publishers
c/o Ananda Edizioni
Morano Madonnuccia, 7
06023 Gualdo Tadino (PG), Italien
Tel.: +39-075-9148375
www.anandaedizioni.it

---

1. Auflage 2021
Verlag Via Nova, Alte Landstr. 12, 36100 Petersberg
Telefon: (06 61) 6 29 73
Fax: (06 61) 96 79 560
E-Mail: info@verlag-vianova.de
Internet: www.verlag-vianova.de
Umschlaggestaltung: Guter Punkt, München
Satz: Sebastian Carl, Amerang
Druck und Verarbeitung: C. H. Beck, 86720 Nördlingen

ISBN 978-3-86616-505-2

INHALT

VORBEMERKUNG

Die Texte in diesem Buch stammen aus Kursanleitungen, die Yogananda in den Dreißigerjahren des vorigen Jahrhunderts verfasste, aus vor 1943 erschienenen Nummern der Zeitschriften *Inner Culture* und *East West* sowie aus seiner Interpretation des *Rubaiyat* von Omar Khayyam (herausgegeben von Swami Kriyananda) und aus Aufzeichnungen Swami Kriyanandas aus der Zeit, in der er als einer der vertrautesten Schüler Yoganandas mit dem Meister zusammenlebte.

KAPITEL 1

DAS GLÜCK AN DER FALSCHEN STELLE SUCHEN

Das Glück außerhalb unserer selbst suchen, das ist so, als wollte man Wolken mit dem Lasso fangen. Glück ist kein Ding. Glück ist eine innere Verfassung, sie muss gelebt werden. Mit weltlicher Macht oder Strategien des Reichwerdens hat noch niemand sein Glück gemacht. Alle Unrast kommt von der Orientierung des Bewusstseins nach außen. Und diese Unrast stellt sicher, dass Glück immer gerade außer Reichweite bleibt. Macht und Geld sind nur auf Zeit zu haben, sie sind keine Geistesverfassung. Sie verwässern das Glück, das jemand haben könnte. Ganz sicher steuern sie nichts dazu bei.

Wenn wir unsere Energien an alle möglichen Dinge verschwenden, bleibt uns immer weniger für irgendein bestimmtes Vorhaben. Zur Gewohnheit gewordene Sorgen und Nervosität langen mit Fangarmen aus der Tiefe des Unterbewusstseins nach uns, umschlingen unseren Geist mit Tentakeln und erdrücken allen inneren Frieden, den wir je gehabt haben mögen.

Wahres Glück ist niemals irgendwo außerhalb des Selbst zu finden. Wer es da sucht, ist wie einer, der Regenbogen einfangen möchte.

Unzählige Menschen erscheinen jeden Tag neu im Garten der Erde, kurzlebig wie Rosenblüten. In der Jugend öffnen sie Knospen der Hoffnung, erfüllt von allem, was das Leben verspricht, und nicken wie Blüten in jedem Windhauch, der Freuden der Sinne erwarten lässt. Die Blüten verblassen, frohe Erwartung weicht der Enttäuschung. In der Dämmerung des Alters lassen sie die Köpfe hängen, grau, aller Illusionen beraubt.

Lass die Rose Symbol sein: Das beschriebene Schicksal erwartet alle, die ihr Leben nach den Bedürfnissen der Sinne ausrichten.

Den Blick nach innen gerichtet, betrachte genau, was es mit Sinnenfreuden wirklich auf sich hat. Schon während sie noch anhalten, fühlst du im Herzen den kalten Hauch des Zweifels und der Unsicherheit. Du klammerst dich daran, doch in der Tiefe weißt du bereits, dass die Sinne dich eines Tages verraten werden.

Bei näherer Betrachtung offenbart sich der Hohn, den das sinnliche Schwelgen seinen Jüngern eigentlich antut. Wo Freiheit zu winken scheint, herrscht in Wahrheit die Versklavung der Seele. Und der Ausweg liegt nicht, wie viele meinen, in immer noch mehr scheinbar so mühelosem Schwelgen; der Ausweg ist der steinige und beschwerliche Pfad der Selbstbeherrschung.

Wie schnell vergisst man, dass ein Luxusleben unmäßig viel Nerven- und Gehirnkraft verbraucht, was in der Folge die natürliche Lebensspanne verkürzt.

Der Materialist ist so ausschließlich damit beschäftigt, immer noch mehr Geld heranzuschaffen, dass er all den Komfort, den er sich davon leistet, kaum noch entspannt genießen kann.

Wie unbefriedigend dieses moderne Leben doch ist! Sieh dich um, betrachte die Menschen. Frag dich, ob sie wohl glücklich sind. Siehst du die Traurigkeit in so vielen Gesichtern? Den leeren Ausdruck in den Augen?

Das materialistische Leben lockt lächelnd mit seinen Versicherungen, aber wirklich sicher ist bei ihm nur eins: dass es jedes einzelne seiner Versprechen irgendwann bricht.

Je mehr der Mensch seine körperliche, geistige und spirituelle Nahrung in seiner Umgebung sucht und je weniger er auf seine eigenen Quellen im Innern blickt, desto mehr erschöpft er seine Energiereserven.

Materieller Reichtum ohne inneren Frieden ist wie langsames Verdursten mitten in einem See. Materielle Armut versucht jeder zu vermeiden, aber wirklich zu fürchten ist nur spirituelle Armut. Diese spirituelle Armut und nicht materieller Mangel ist die wahre Ursache aller menschlichen Leiden.

Der Naturwissenschaftler macht die Kräfte der Natur nutzbar, um damit die Umwelt des Menschen besser und angenehmer zu gestalten. Der Wissenschaftler des Geistes wendet die Kräfte des Geistes an, um die Seele zu erleuchten.

Geistige Kraft weist dem Menschen den Weg zum inneren Glück, das ihn für äußere Unannehmlichkeiten unerreichbar macht.

Was denkst du, welcher der beiden Wissenschaftler einen größeren Dienst tut? Doch sicher der des Geistes.

Reine Liebe, heilige Freude, künstlerische Eingebung, Freundlichkeit, Weisheit, Frieden und Glück werden zuerst innerlich empfunden, in Geist und Herz, um sich dann über das Nervensystem dem Körper mitzuteilen. Fühle und erfasse die Größe der inneren Freude, und du wirst sie den flüchtigen Vergnügen des äußeren Lebens vorziehen.

Alle körperliche Lust ist oberflächlich und teilt sich dem Geist über das Nervensystem als Erfahrung mit. Ihr liebt diese äußere sinnliche Lust, weil sie das Erste ist, was euch erreicht – aber allzu leicht werdet ihr zu Gefangenen dieser Lust. Manche gewöhnen sich sogar an das Gefängnis. Wir Sterblichen neigen dazu, uns so sehr auf die äußeren Genüsse zu verlegen, dass die von innen kommende Freude ausgeschlossen bleibt.

Meist ist es doch so, dass die Sinne uns ein wenig vorübergehendes Glück verschaffen, am Ende aber doch nur Kummer und Leid übrig bleiben. Ein guter Lebenswandel und inneres Glück versprechen auf den ersten Blick nicht so viel, aber auf lange Sicht schaffen sie dauerhaftes Glück. Dieses dauerhafte innere Glück der Seele nenne ich *Freude*, den vergänglichen Kitzel der Sinne dagegen *Vergnügen* oder *Lust*.

Dein Lebensumfeld und die Menschen, mit denen du dich umgibst, sind von größter Bedeutung. Besonders wichtig ist das Umfeld natürlich in den ersten Lebensjahren, in denen das Innenleben des Kindes Anregungen erfährt oder unterdrückt wird. Ein Kind tritt mit seiner ganz eigenen Innenwelt ins Leben, und wenn sein äußeres Umfeld dem entspricht, bekommt es Anregungen. Aber wenn die Umgebung, in die es hineingeboren wird, von ganz anderer Art ist, wird sein Innenleben wahrscheinlich unterdrückt werden. So kann ein Kind mit einer weniger günstigen Veranlagung durch ein gutes Umfeld zum Besseren gewandelt werden, und ein Kind mit guten Anlagen kann in einem fördernden Umfeld zu seiner wahren Größe heranwachsen.

Hast du je ernsthaft darüber nachgedacht, weshalb du trügerische und flüchtige Vergnügen dem dauerhaften Frieden und der Freude der Seele vorziehst, wie sie in der Meditation zu finden sind und durch Meditation immer noch größer und tiefer werden? Es liegt daran, dass du zuerst mit sinnlichen Freuden Bekanntschaft schließt und immer mehr davon möchtest, anstatt die wahre und große Freude zu suchen, die in der Meditation zu finden ist. Doch wenn du diese erhabene Freude einmal verstanden und empfunden hast, wird sie dir mehr bedeuten als alle flüchtige Lust der äußeren Welt.

Ein Mann, der in einem kalten Landstrich Alaskas zu Hause war, bekam einmal von einem Freund, der im kalifornischen Fresno lebte, süße Weintrauben geschickt. Er war so hingerissen von der unvergleichlichen Köstlichkeit dieser Trauben, dass er das kalte Alaska verließ, um sich in Fresno, einem wahren Trauben-Paradies, eine Arbeitsstelle zu suchen.

Dort angekommen wurde er von seinem Freund eingeladen, und eine junge Frau brachte ihm Trauben von der Sorte, die er so liebte. Er war außer sich vor Wonne, verschlang sie im Handumdrehen und platzte heraus: „Oh, ich bin ja so aus tiefster Seele dankbar, ich habe sogar Alaska um dieser Trauben willen verlassen."

„Sie können so viele Trauben haben, wie Sie möchten", sagte die junge Dame. „Ich besitze nämlich eine Wein-Ranch und werde Ihnen täglich welche bringen."

Und tatsächlich, am nächsten Tag stand sie bei dem traubenseligen Mann mit einer großen Menge der Früchte vor der Tür. Der kam gähnend heraus, er hatte die Trauben vom Vorabend noch nicht vollständig verdaut, aber er freute sich auf die Aussicht, an diesem Tage wieder in Trauben schwelgen zu können.

„Oh, wie herrlich, so viele Trauben, was für ein Glückspilz ich doch bin, tausend Dank", rief er begeistert. Höflicherweise probierte er gleich ein paar Trauben, obwohl ihm noch nicht so recht danach war. Als die junge Dame gegangen war, betrachtete er seine Trauben mit gierigen

Blicken und konnte sich nicht sattsehen. Kaum eine Stunde verging, da fing er schon wieder an, Trauben zu naschen, und er aß den ganzen Tag Trauben, Trauben, Trauben.

In aller Herrgottsfrühe des nächsten Tages stand die junge Frau wieder mit einer Ladung erlesener Weintrauben da und rief unseren Traubenfreund. Sehr verschlafen und mit leicht gedämpfter Begeisterung, auch fast ein wenig verdrossen wegen der allzu frühen Störung, dann aber doch freundlich lächelnd begrüßte er die Dame und die Trauben: „Oh, guten Morgen, liebe Freundin, und vielen Dank für die schönen Trauben."

Das wiederholte sich am nächsten Morgen und wieder sehr früh. Diesmal wirkte das Lächeln unseres Traubenfreundes schon ein wenig aufgesetzt, als er sagte: „Lieb von Ihnen, dass Sie mir diese Trauben bringen, aber ich habe noch welche von gestern."

Doch am nächsten Morgen stand sie wieder mit einer schönen Menge Trauben da. Mit großer Mühe raffte er sich auf, um zur Tür zu gehen. Er grüßte höflich, aber ohne Lächeln, und sagte: „Oh, wieder Trauben. Nett, dass Sie sie bringen, aber ich habe noch genug."

Aber sie glaubte ihm nicht, sie dachte, es handle sich um falsche Bescheidenheit, und brachte am nächsten Morgen eine noch größere Menge Trauben. Sie klopfte an und rief unseren Freund, und der sprang aus dem Bett, als sähe er Gespenster. Er schrie: „Großer Gott, Trauben, Trauben, schon wieder Trauben! O nein!!" Die junge Dame lächelte nur. Jetzt konnte sie sicher sein, dass er nie wieder Trauben würde haben wollen. Sie waren nämlich ihr Geschäft.

Zu viel, wovon auch immer, schadet nur. Wie herrlich etwas auch sein mag, sobald man es mit Gewalt zu genießen versucht, gibt es keinen Genuss mehr her und wird zur Plage.

Denk also daran, weder dem Essen noch dem Schlafen noch der Arbeit noch gemeinsamen Freizeitaktivitäten oder irgendetwas anderem übermäßig zu frönen. Wie schön es auch sein mag, ein Zuviel macht dich nur unglücklich.

Eines ist sehr wichtig: Unterscheide zwischen deinen Bedürfnissen und deinen Wünschen. Echte Bedürfnisse gibt es nicht viele, aber der Zahl der Wünsche sind keine Grenzen gesetzt. Wenn du Frieden und Glück möchtest, kümmere dich nur um deine Bedürfnisse. Hör auf, immer neue Wünsche in dir wachzurufen und den Irrlichtern eines falschen Glücks nachzulaufen. Je mehr du das Glück in den Dingen ringsum suchst, desto weniger Glück wirst du finden.

Luxus und das Verlangen danach sind der sichere Weg ins Unglück. Lass dich nicht zum Sklaven von Dingen und Habseligkeiten machen. Schneide selbst deine Bedürfnisse auf das wirklich Notwendige zurück. Nutze deine Zeit für die Suche nach dauerhaftem Glück, nach Seligkeit. Die unwandelbare, unsterbliche Seele ist unsichtbar hinter den

Schleiern deines Bewusstseins verborgen, in denen düstere Bilder von Krankheit, Misserfolg und Tod wabern. Hebe den Schleier dieses scheinbar ständig wechselnden Geschehens und suche den sicheren Boden deines unwandelbaren wahren Wesens. Lass dein wankelmütiges Bewusstsein auf dem Thron des Unwandelbaren und der Stille in dir – dem Thron Gottes – zur Ruhe kommen. Deine Seele wird dir Glückseligkeit bescheren, Tag und Nacht.

Selbstbeherrschung, einfaches Leben und hochherzige Gedanken, geringe Ausgaben für dich selbst, auch wenn du gut verdienst – das sind die Dinge, die dein Glück sichern. Bemühe dich ruhig um mehr Einnahmen, damit du für andere die Hilfe zur Selbsthilfe sein kannst. Eines der ungeschriebenen Gesetze des Lebens lautet: Wer anderen zu Wohlstand und Glück verhilft, wird selbst nie ohne Hilfe sein und immer mehr Fülle und Glück finden. Es ist das unverbrüchliche Gesetz des Glücks. Ist es nicht besser, einfach und bedürfnislos zu leben und dafür reich an wahrer Wirklichkeit zu sein?

Verlorenes Glück ist nicht in materiellen Dingen wiederzufinden, einfach deshalb, weil sie nur unechtes Behagen zu bieten vermögen. Wenn der Mensch die göttliche Glückseligkeit im Innern aus den Augen verloren hat, versucht er in den eingebildeten Freuden der Sinne einen Ersatz zu finden. Doch das Bedürfnis ist so nicht zu befriedigen, denn in der Tiefe weiß er noch um sein früheres überirdisches

Sein in Gott. Wahre Befriedigung entzieht sich ihm, denn was er bei seiner rastlosen Jagd nach Sinnenfreuden wirklich sucht, ist sein verlorenes Glück in Gott.

Welche Blindheit! Wie lange noch, bis Langeweile, Überdruss und Abscheu dich endlich bewegen, Freude und Glück da zu suchen, wo sie zu finden sind: innen.

Überlege einmal, was Jesus gemeint haben mochte, als er sagte: „Lass die Toten ihre Toten begraben“ (Mt 8,22). Es kann nur heißen, dass die meisten Menschen tot sind und es nicht wissen – keine hohen Ziele, keine Initiative, keine spirituelle Begeisterung, keine Lebensfreude.

Was soll ein solches Leben? Leben ist als ständige Inspiration gemeint. Wer einfach mechanisch vor sich hin lebt, ist innerlich tot, auch wenn der Körper weiterhin atmet.

Wenn das Leben flach und uninteressant ist, dann deshalb, weil die Menschen ihr Glück im Seichten erhaschen wollen, anstatt den unerschöpflichen Quell aller Freude in sich selbst aufzusuchen.

Wer hätte etwas davon, alle seine Zeit an Dinge zu verschwenden, die doch nicht halten? Die Moral des Lebensdramas: Es ist wirklich nur Drama, Illusion.

Einfalt, die das Stück als Realität ansieht, weint an den traurigen Stellen, beklagt den Umstand, dass Glück nie anhält, und grämt sich darüber, dass dieses Schauspiel schließlich doch enden muss. Spirituelle Blindheit bestraft sich selbst mit Leiden.

Weise ist, wer das ganze Stück als vorgespiegelt erkennt und das ewige Glück des Selbst im eigenen Innern sucht.

KAPITEL 2

DER ENTSCHLUSS ZUM GLÜCK

Wenn du traurig sein möchtest, kann niemand in der Welt dich froh machen. Wenn du dich selbst entschließt, glücklich zu sein, kann nichts und niemand dir dein Glück nehmen.

Wenn du die Hoffnung auf Glück schon aufgegeben hast, Kopf hoch! Lass nie die Hoffnung fahren. Deine Seele ist das Spiegelbild des ewig freudigen Geistes, und deshalb *ist* sie Glück. Solange du die Augen der Innenschau geschlossen hältst, kannst du die Sonne des Glücks in deiner Brust nicht sehen. Doch so fest du die Augen auch schließen magst, die Strahlen des Glücks versuchen doch immer wieder, durch kleine Spalten hereinzudringen. Öffne die Pforten der Stille, und du findest die strahlende Sonne der Freude in dir selbst.

Du wirst die Freudestrahlen der Seele wahrnehmen, wenn du deine Aufmerksamkeit nach innen wendest. Such das Glück nicht nur in schöner Kleidung, köstlichen Mahlzeiten und dergleichen Annehmlichkeiten, sonst sperren sie dein Glück in ein Gefängnis der Äußerlichkeiten.

Mach dich auf, dein Glück in dir zu suchen, und du wirst es früher oder später finden. Suche es alle Tage in immer tiefer werdender Meditation, und das unzerstörbare Glück wird dir nicht verborgen bleiben. Geh in dich und bleib dabei – dein größtes Glück findest du da.

Glück lässt sich nicht händeringend herbeiwünschen. Du musst es erträumen, daran denken und es unter allen äußeren Bedingungen leben. Was du auch tust, sieh zu, dass unter dem Sand deiner Gedanken und selbst unter dem steinigen Boden schwerer Prüfungen stets eine Unterströmung von Glück bleibt, ein heimlicher Strom der Freude.

Manche Menschen lächeln ständig, obwohl der Kummer an ihnen nagt. Sie verzehren sich vor Gram, und ihr aufgesetztes Lächeln ändert daran nichts. Andere lächeln nur hin und wieder, aber unter der Oberfläche sprudelt das Lachen nur so aus Millionen Quellen des Friedens.

Lerne, wie du trotz aller Umstände heimlich in deinem Herzen froh sein kannst, und sag dir: „Glück ist das größte aller göttlichen Geburtsrechte, der vergrabene Schatz meiner Seele. Ich weiß, dass ich insgeheim reicher bin, als selbst Könige es sich je erträumen könnten."

Menschen von starkem Charakter sind meist auch die glücklichsten. Sie geben anderen nicht die Schuld an Schwierigkeiten, die auf ihr eigenes Handeln oder Unverständnis zurückzuführen sind. Sie wissen, dass niemand ihrem Glück etwas hinzufügen oder es schmälern kann, solange sie sich nicht von den finsteren Gedanken oder üblen Taten anderer beeinflussen lassen.

Ein starker Entschluss, glücklich zu sein, wird dir helfen. Warte nicht darauf, dass die Umstände sich ändern – in dem Irrglauben, sie seien Ursache deiner Schwierigkeiten. Sieh zu, dass du unter allen Umständen glücklich bist. Wenn dein Glück von äußeren Bedingungen abhängig zu sein scheint, dann ändere *dich* so, dass du immer glücklich sein kannst.

Binde dich nicht an starre Regeln; jede Regel hat ihre Ausnahmen. Vielleicht sagst du: „Wenn dies oder das eintritt, werde ich zufrieden sein.“ Warte nicht darauf! Schnapp dir das Glück, das eben jetzt erreichbar ist, denn mit vagen Hoffnungen auf Glück verschiebst du es nur auf „ein andermal“ und wirst manche tiefe Enttäuschung erleben. Glück wächst mit dem, was es nährt. Lerne also glücklich zu sein, indem du jederzeit so glücklich bist, wie du nur eben kannst. Hermann sagte: „Wenn ich erst Geld habe, ja, dann werde ich glücklich sein.“ Er wurde reich, und er sagte: „Wenn ich diese Verdauungsbeschwerden hinter mir habe, kann ich endlich glücklich sein.“ Er wurde kuriert, und dann sagte er: „Jetzt fehlt mir nur noch eine Frau zum Glück.“ Er heiratete, aber die Ehe brachte ihm nur Unglück. Seine zweite Ehe war sogar noch schlimmer. Er dachte, er werde nach der Scheidung von seiner zweiten Frau glücklicher sein, und ließ sich scheiden. Jetzt war er aber schon siebzig und dachte: „Ich kann erst glücklich sein, wenn ich meine Jugend wiederfinde.“ So gehen die Menschen vom Einen zum Nächsten, aber ihr Ziel, das Glück, erreichen sie nicht.

Sag dir also mit aller Entschlossenheit, dass du glücklich sein wirst, einerlei ob arm oder reich, gesund oder krank, glücklich oder unglücklich verheiratet, jung oder alt, froh oder in Tränen. Sei einfach glücklich und warte nicht erst ab, bis du oder deine Familie oder deine Umgebung sich entsprechend geändert hat. Sag dir, dass du *jetzt* glücklich sein wirst, wo und mit wem und unter welchen Umständen auch immer.

Der moderne Mensch bildet sich viel auf sein wissenschaftliches Realitätsverständnis ein. Lass mich dir also vorschlagen, dass du das Leben selbst einer Art Labortest unterziehst. Die Menschen des Westens lieben das Experimentieren, sei also selbst einmal Proband deiner Experimente: Wie sieht es mit deiner Einstellung gegenüber dem Leben aus, mit deinen Gedanken, mit deinem Verhalten?

Versuche zu ermitteln, was Leben ist und wie menschliches Leben verbessert werden könnte. Was wünschen sich die Menschen vor allem anderen und wie könnte ihr Herzenswunsch erfüllt werden? Was möchten sie auf der anderen Seite unbedingt vermeiden und wie könnte man solche „Heimsuchungen“ künftig von ihnen fernhalten?

In der Physik oder Chemie ist es ja so, dass man nur zu brauchbaren Ergebnissen kommen kann, wenn man die richtigen Fragen stellt. Im Leben ist das genauso. Versuche herauszufinden, weshalb so viele Menschen unglücklich sind. Wenn du es verstanden hast, suche den Weg, der dauerhaftes Glück verspricht.

Kannst du den halb toten Rosenstrauch deines Lebens wieder zum Blühen bringen?

In der Kindheit und Jugend fällt uns das Lächeln leicht, Kraft, Schönheit und Gesundheit sind einfach für uns da, wir sind voller mystischer Ahnungen und schwellender Hoffnungen. Dann nimmt das Leben seinen Lauf, wir werden erwachsen, die Fülle beginnt zu schwinden und die Rosen in uns werden müde. Wie kommt das? Eine Rose blüht und stirbt. Kommt das Glück nur, um uns wieder zu verlassen?

Wir möchten doch, dass unsere Taten unsere Blüten sind, wir möchten den Duft des Glücks verströmen, wir möchten für immer den Menschen im Gedächtnis bleiben, denen wir etwas bedeuteten. Nein, wir müssen nicht einsam, krank und vom Kummer zerfressen sterben.

Pflegen wir also unseren Rosenstrauch. Er braucht den richtigen Platz, er muss gegossen werden, er braucht Düngung und muss vor Ungeziefer und Frost geschützt werden. Der Rosenstrauch unseres Glücks wächst nur auf dem fruchtbaren Boden unseres Friedens. In einem geistigen Klima der Härte und Gefühllosigkeit gedeiht er nicht. Der fruchtbare Boden des Friedens muss immer wieder bearbeitet werden, und die Geräte sind unsere guten Taten. Mit dem Geist der Liebe und des Dienens halten wir den Boden feucht. Kurz, wir können nur glücklich sein, wenn wir andere glücklich machen.

Die eigentliche Nahrung für den Baum des Glücks ist aber die Meditation und unsere Verbundenheit mit Gott in allen Situationen des Alltags. Ohne Verbindung zu diesem grenzenlosen Ursprung, dem alle unsere Fähigkeiten und Eingebungen entspringen, können wir nicht richtig und nie ganz zu dem heranwachsen, was wir eigentlich sind.

Die schlimmsten Plagen, die unserer Glückspflanze zusetzen können, sind fehlender Entwicklungsantrieb, Selbstzufriedenheit und Skepsis. Nasskalte Trägheit, dieser Mangel an entschlossenem und beharrlichem Bemühen um die Erkenntnis der Wahrheit – das ist die Krankheit, unter der unsere Glückspflanze am meisten leidet.

Sei glücklich, jetzt! Wenn du jetzt in deiner Seele Glück findest, dann magst du morgen sterben und dich in die endlose Prozession der Seelen einreihen und wirst doch immer diesen kostbarsten aller Schätze der Welt bei dir tragen. Wer im Glück der Seele lebt, dem kann es nicht wieder genommen werden, wie lang seine Reise durch Zeit und Ewigkeit auch sein mag.

Das Leben der meisten Menschen ist mit Traurigkeit und Kummer durchsetzt. Sie sehen sich nicht in der Lage, die Dinge zu unterlassen, die Leiden nach sich ziehen, und sie folgen nicht dem Weg, der zum Glück führt. Manche reagieren allzu empfindlich auf Leiden oder Freuden, die ihnen begegnen. Bei unangenehmen Dingen sind sie wie vernichtet, bei erfreulichen außer sich vor Freude – das ruhige Gleichmaß fehlt ihnen. Nur wenige, die sich die Finger verbrannt haben, lernen, wie man Leid erzeugendes Handeln meidet.

Glücklich möchte jeder sein, aber nur wenige raffen sich entschlossen zu einem Handeln auf, das Glück verspricht. Die meisten rollen einfach mit dem Gefälle des Lebens und machen sich lediglich vor, sie würden gern die Gipfel des Glücks erklimmen. Manche wachen auf, wenn ihr Glücksverlangen die unsanfte Landung auf dem harten Boden des Unglücks überlebt. Die meisten haben zu wenig Fantasie oder denken nicht weit genug und schrecken aus ihren Einbildungen erst auf, wenn etwas Furchtbares geschieht.

Wer Glück möchte, muss auf schlechte Angewohnheiten achten, die zu schädlichem Handeln verleiten. Schädliches Handeln macht unglücklich, es ist wie eine Säure, die langsam, aber sicher Körper, Geist und Seele zersetzt. Diesen Zustand übersteht niemand sehr lange – meide ihn von Anfang an.

Schlechte Angewohnheiten lassen sich mit entgegengesetzten guten Angewohnheiten „wegätzen". Wenn du beispielsweise gewohnheitsmäßig lügst, gewöhne dir einfach das Gegenteil an: Sag immer die Wahrheit. Schlechte Angewohnheiten entstehen nicht von heute auf morgen, und so wird es seine Zeit brauchen, sie durch bessere zu ersetzen. Ein schlechter Mensch tut sich schwer, gut zu sein, und umgekehrt. Wenn du dich zum Guten erzogen hast, wird es dir zur zweiten Natur, und wenn du dir etwas Schlechtes angewöhnt hast, kommst du schwer wieder davon los, auch wenn du es gern möchtest.

Mach dir also ganz bewusst: Wenn Unglücklichsein dir zur Gewohnheit geworden ist, kommt es ganz besonders darauf an, Glück als Gegenmittel einzusetzen. Mit jeder kleinen Glücksregung schaffst du eine neue Gewohnheit, nämlich stets und überall glücklich zu sein. Wenn der Verstand dir einreden will, dass du nie glücklich sein wirst, dann achte nicht auf ihn. Fang einfach *jetzt* an, glücklich zu sein, und sag dir jeden Augenblick: „Ich bin froh." Wenn du darin nicht nachlässt, wirst du rückblickend immer sagen können: „Ich war sehr glücklich." Betrachtest du dich eben jetzt, wirst du sagen: „Ich bin glücklich", und wenn du vorausblickst, kannst du sagen: „Ich weiß, dass ich glücklich sein werde." Dein zukünftiges Glück hängt davon ab, dass du jetzt glücklich bist, also fang *sofort* an, glücklich zu sein.

Wenn du im Traumland im Meer des Friedens gebadet hast, sag dir beim Aufwachen: „Im Schlaf war ich frei von den Sorgen dieses vergänglichen Lebens. Ich war ein König des Friedens. Und jetzt bei den Pflichten und Verrichtungen des Tages werde ich mich nicht mehr von den aufdringlichen Sorgen des Wachlandes niederhalten lassen. Im Traumland bin ich ein König des Friedens, und ich werde auch im Wachland dieser König sein. Aus meinem Reich des Friedens im Traumland kommend, werde ich diesen Frieden auch in meinem Reich der Wachträume walten lassen."

Glück ist in gewissem Umfang von äußeren Umständen abhängig, in erster Linie aber von den Bedingungen, die in dir herrschen. Zum Glück gehören Gesundheit, klares Denken, ausreichende Versorgung mit materiellen Gütern, die richtige Arbeit und vor allem die Weisheit, die alles erreicht. Wer nur die innere Ruhe wahrt, aber nicht nach Erfolg strebt und sich nicht um die äußeren Dinge seines Lebens kümmert, wird kaum Glück finden.

Aber ohne das Glück im Innern kannst du ein Leben in Reichtum führen und doch Geisel deiner Sorgen sein. Glück hängt nicht an Erfolg oder Besitz allein. Glück ist, wenn du zu einer unerschütterlichen Haltung der Freude gefunden hast und dich in dieser Haltung mit den Schwierigkeiten des Lebens auseinandersetzt.

Wenn du dich als Unglücklicher auf die Suche nach Glück machst, wirst du es nicht finden. Du musst das Glück in dir entdeckt und stetig gegenwärtig haben, dann kannst du mit ganzer Kraft an der Beseitigung aller Ursachen des Unglücks arbeiten.

Ein frohes Gemüt hätte dir eigentlich schon in der Kindheit zur Gewohnheit werden sollen, aber es ist auch jetzt nicht zu spät, diese Gewohnheit zu entwickeln. Sag dir mit aller Entschlossenheit, dass du bei Begegnungen mit schwierigen Verwandten oder deinem herrischen Chef, aber auch in allen anderen unangenehmen Lebenslagen von heute an alles daransetzen wirst, deine innere Ruhe und dein frohes Gemüt zu wahren.

Wenn du durch alle Herausforderungen hindurch bei diesem Entschluss bleibst, wirst du sehen, dass dein Glück wirklich von der richtigen Grundhaltung abhängt, von deiner Entschlossenheit, unter allen Umständen glücklich zu sein.

Achte aber darauf, dass diese Grundhaltung des Glücks, wenn du sie einmal gefunden hast, dich nicht träge macht. Nimm dich der materiellen Bedingungen für ein glückliches Leben an. Bereinige die Dinge, die dein äußeres Glück einschränken könnten, und beschäftige dich mit allem, was für dein Leben wichtig ist, in dieser Haltung der Gelassenheit und Freude.

Du sollst froh und glücklich sein, das ist Gottes Traum. Der kleine Mann, der große Mann – das sind lediglich Projektionen im Bewusstsein des Träumenden. Nimm alles, wie es kommt, und sag dir, dass es von Gott kommt. Was auch kommen mag, lass es kommen. Und wenn du das Gefühl hast, etwas nicht ganz Richtiges korrigieren zu müssen, suche zuerst Anleitung bei Ihm. Dann handle, aber um Seinetwillen und nie aus der Rechthaberei des Egos.

KAPITEL 3

GLÜCKSDIEBE

Das Böse ist nichts weiter als das Fehlen von echter Freude. Das macht das Böse böse. Aber tut der Tiger etwas Böses, wenn er seine Beute reißt? Töten ist seine gottgegebene Natur. Naturgesetze sind unpersönlich.

Das Böse kommt erst da ins Spiel, wo eine Anlage zu innerer Freude ist. Alles, was uns von diesem göttlichen Seinszustand trennt, ist böse für uns, weil es uns nicht mehr wahrnehmen lässt, was wir wirklich sind und was wir wirklich wollen im Leben.

Daher stehen in den heiligen Schriften Warnungen vor sinnlicher Begierde, Hochmut und Ähnlichem. Die Gebote dienen dem Wohl des Menschen und nicht der Befriedigung des Herrn! Sie mahnen den Unvorsichtigen, der nicht sieht, dass gewisse innere Haltungen und äußere Verhaltensweisen zuerst einiges versprechen, am Ende aber doch nur Unglück bringen.

Ein paarmal schwach gehandelt, und schon entsteht daraus eine Gewohnheit, eine Schwäche. Die meisten Menschen lassen sich von solchen selbst geschaffenen Gewohnheiten der Schwäche und des Versagens beherrschen. Du kannst dich davon wieder befreien, aber dein Entschluss, anders zu leben, muss unerschütterlich sein, du darfst darin nicht nachlassen, bis sich der Erfolg eingestellt hat.

Was du aus dir gemacht hast, das bist du jetzt. Du bist es, der aus unsichtbaren Spuren deines früheren Handelns dein jetziges Handeln macht und ihm seine Richtung gibt.

Du selbst bestimmst nach dem Gesetz von Ursache und Wirkung, dem unser Handeln unterliegt, ob du jetzt Lohn oder Strafe erhältst.

Du wirst genug gelitten haben. Es ist an der Zeit, dich selbst aus dem Gefängnis deiner untauglichen Gewohnheiten zu entlassen. Da du selbst dein Richter bist, kann dich kein Gefängnis des Leidens, der Armut und der Unwissenheit halten, wenn du den Punkt erreichst, an dem du dich freisprechen kannst.

Hüte dich, von negativen Dingen zu sprechen. Wozu in die Gosse blicken, wenn ringsum Schönheit ist? Wenn du mich in einen ganz wunderbar gestalteten Raum führst, könnte ich es trotzdem darauf anlegen, etwas an diesem Raum auszusetzen zu finden. Aber warum sollte ich? Warum nicht lieber die Schönheit genießen?

Wenn wir nur auf das Schlechte starren, verlieren wir das Gute aus dem Blick. Nach den Erkenntnissen der Medizin treiben sich alle möglichen potenziell krankheitserregenden Keime in unserem Körper herum. Aber wenn wir sie nicht weiter beachten und nicht an sie denken, gefährden sie uns weitaus weniger, als wenn wir ständig in Sorge wären. Wenn wir die Schattenseiten der Dinge lange genug betrachten, färben sie auf uns ab. Konzentrieren wir uns dagegen auf das Gute, geht auch das Gute auf uns über.

Sorgenvolle Gedanken sind schwer loszuwerden. Du tötest ein paar ab, aber wie aus dem Nichts schwärmen neue herbei. Ihre „Bisse“ machen dich schier wahnsinnig. Wie du für Ungeziefer Fallen im Haus aufstellst, musst du für sorgenvolle Gedanken die „Falle“ des Friedens aufstellen. Wenn wieder einmal die Sorgen kommen, lass dich einfach nicht erschüttern, sondern warte in Ruhe ab, bis sie alle im großen Frieden verschwunden sind.

Allerdings kannst du diese „Falle“ nicht in der Drogerie kaufen. Du musst sie in der Stille deiner täglichen Meditationspraxis selbst herstellen. Der „Friedens-Lockstoff“ setzt sich aus zwei Elementen zusammen: Da ist die zur Gewohnheit gewordene innere Stille und da ist das Glück, das alle sorgenvollen Gedanken absorbiert. Beide gewinnst du im Labor deiner Selbstdisziplin und der Herausforderungen, vor die das Leben dich stellt.

Innere Ruhe und ein frohes Gemüt dämpfen deine sorgenvollen Gedanken, aber ganz ausgelöscht werden sie nur, wenn du dich um unerschütterlichen Frieden bemühst. Sorgen ist nicht durch noch mehr Sorgen oder durch hektische Betriebsamkeit beizukommen. Gegen das Ungeziefer der Sorgen hilft nur machtvoller, zur Gewohnheit gewordener Frieden.

Hüte dich vor diesen vier Seelenverfassungen, die gern abwechselnd auftreten: vor Kummer und Sorgen, Schein-Glück, Gleichgültigkeit und vor diesem trügerischen, nicht wirklich erworbenen Frieden, den das Ego manchmal vorübergehend erfährt, wenn die übrigen Plagen gerade nicht aktiv sind. Betrachte irgendein Gesicht, und du wirst wissen, in welchem Maße dieser Mensch diesen Zuständen ausgesetzt ist. In kaum einem menschlichen Gesicht wirst du den Ausdruck der Gelassenheit finden, während der Betreffende einer dieser vier instabilen Verfassungen unterliegt.

Wo der Wunsch nach etwas nicht erfüllt wird, sei es Gesundheit, Lebensgenuss oder etwas anderes, machen sich Kummer und Enttäuschung im Gesicht des Betroffenen breit. Der Ausdruck des Trübsinns vertreibt das Lächeln, er peinigt die Muskeln und entstellt den Gesichtsausdruck.

Wenn ein Wunsch in Erfüllung geht, ist der Mensch für den Augenblick „glücklich". Kummer erwächst aus unerfüllten Wünschen, „Glück" aus erfüllten. Kummer und Schein-Glück wohnen und reisen zusammen wie Siamesische Zwillinge. Sie sind Kinder des Begehrens und nie weit voneinander entfernt. Wenn du falsches Glück suchst und findest, folgt der Kummer dichtauf.

Wird das Ego einmal nicht von Kummer oder „Glück" gebeutelt, herrscht meist der dritte Zustand: Apathie, Gleichgültigkeit, Langeweile.

Frag jemanden, der in diesem Zustand ist: „Bist du traurig?"

Er wird sagen: „Ach, nein."

Frag ihn weiter: „Bist du glücklich?"

Und er nuschelt: „Ach, nein."

„Was ist dann los mit dir?"

Und wenn du das fragst, bricht es aus ihm heraus: „Oh, mir ist einfach langweilig!"

In dieser Verfassung sind so viele Menschen.

Noch einen Schritt weiter, hinter Kummer, Schein-Glück und Überdruss, finden wir einen neutralen Zustand, den man passiver Frieden nennen könnte. Er ist kurzlebig und bietet nichts Gutes – einfach der Ausklang der drei erstgenannten Zustände, eine zeitweilige unfrohe Ruhe.

Weit jenseits all dessen und nur in der Meditation findest du Glückseligkeit – immer neu und an keinerlei Bedingungen gebunden.

Gib dich nicht zu viel mit Witzen und Scherzen ab. Ich selbst lache sehr gern, aber ich überlasse meinem Humor nicht einfach das Feld – wenn ich ernst bin, bringt mich niemand zum Lachen. Aber sei innerlich froh, sei munter, das verträgt sich sehr gut mit Ernsthaftigkeit. Wozu deine spirituelle Ausrichtung mit leeren Worten verwässern? Wenn du den Krug deines Bewusstseins mit der Milch des Friedens gefüllt hast, dann bewahre ihn sorgfältig, anstatt ihn mit witzigen Bemerkungen und müßigen Worten zu durchlöchern.

Halte dich nicht zu sehr mit Späßen auf, das ist die falsche Anregung. Es entspringt weder echtem Glück noch macht es wahrhaft glücklich. Ein allzu witziger Geist wird ruhelos und flüchtig, und das erschwert die Meditation.

Lass das Gefühl, unglücklich zu sein, nicht chronisch werden. Unglück als Angewohnheit ist alles andere als angenehm, während es für dich selbst und andere ein Segen ist, wenn du glücklich bist. Ist es nicht leicht, ein beredtes Lächeln zu zeigen und mit der Stimme wohliges Behagen zu verbreiten? Wozu dann nörgeln und üble Stimmung machen? Es ist nie zu spät zum Lernen. Du bist so alt, wie deine Denkgewohnheiten dich machen, und unabhängig von deinem Alter kannst du dich so jung fühlen, wie du möchtest.

Wenn der Kummer kommt, verschaff ihm nicht auch noch Vorteile, indem du ihm Beachtung schenkst. Deine Tränen schmecken ihm köstlich, und dann wird er erst recht bleiben. Er macht sich in deinen Gemächern breit.

Sobald er auftritt, lach ihn einfach aus, das bringt ihn um seine Genugtuung. Dann stürz dich mit allen Mitteln deines Willens auf ihn und verjage ihn aus deinem Leben – so erringst du einen physischen und metaphysischen Sieg über ihn.

Wer mit irgendeiner Benachteiligung oder Behinderung zur Welt kommt, muss alles daransetzen, dass er nicht der Versuchung des Selbstmitleids erliegt. Selbstmitleid raubt ihm die innere Kraft, sich der Herausforderung gewachsen zu zeigen.

Für dein persönliches Glück ist es sehr wichtig, dass du dich und deine Familie vor Klatsch und Tratsch und deren bösen Folgen bewahrst. Sieh nichts Böses, sprich nichts Böses, höre nichts Böses, denke nichts Böses, fühle nichts Böses. Die meisten Menschen können stundenlang über andere herziehen und dabei geradezu aufblühen wie unter dem Einfluss von Wein. Ist es nicht seltsam, dass die Leute so geläufig, so munter, so beißend der üblen Nachrede frönen, wenn es um andere geht, aber nicht den leisesten Hinweis auf ihre eigenen Schwächen ertragen?

Wenn du wieder einmal versucht bist, dich über die moralische und geistige Minderwertigkeit anderer auszulassen, unterbrich dich sofort und halte einen fünfminütigen Vortrag über deine eigenen Schwachpunkte und Fehlleistungen. Gefällt dir das? Wenn nicht, wenn es dir vielleicht sogar wehtut, sollte es dir dann nicht auch wehtun, andere mit unfreundlichen und verletzenden Worten zu bedenken? Sieh zu, dass es dir und allen in deiner Familie zur Gewohnheit wird, überhaupt nicht über andere zu sprechen.

Du hilfst einem anderen nicht, indem du seine Schwächen ausposaunst. Du wirst ihn wütend machen oder entmutigen. Du stellst ihn bloß, und er wird es vielleicht ganz aufgeben, sich bessern zu wollen. Wenn du schlecht über jemanden redest, untergräbst du sein Selbstwertgefühl und treibst ihn in die Verzweiflung.

Wenn sich jemand in große Bedrängnis gebracht hat, weiß er nur zu gut, dass sein Handeln alles andere als förderlich war. Mit destruktiver Kritik stößt du ihn nur noch tiefer in seinen Sumpf der Mutlosigkeit, in dem er ohnehin schon steckt. Statt schlecht über ihn zu reden, wie wäre es, wenn du ihm eine Hand reichen und ihm liebevoll und aufmunternd zureden würdest? Spirituelle und moralische Hilfestellung gibst du jedoch am besten nur dann, wenn du darum gebeten wirst. Deinen Kindern und anderen in deiner Familie kannst du dagegen jederzeit – aber natürlich mit bescheidener Zurückhaltung – deinen Rat anbieten, wenn du merkst, dass sie etwas nicht ansprechen können, weil es ihnen zu heikel erscheint.

„Richtet nicht, auf dass ihr nicht gerichtet werdet. Denn mit welcherlei Gericht ihr richtet, werdet ihr gerichtet werden; und mit welcherlei Maß ihr messet, wird euch gemessen werden“ (Mt 7,1-2). Es gibt vor deiner eigenen Tür genug zu kehren. Anstatt dich über den Schmutz im Leben anderer zu ereifern, fang lieber an, mit deinen eigenen Schwächen aufzuräumen. Mach dich in aller Stille frei von diesem Drang zu kritisieren, und wenn du niemanden mehr verdammen und über niemanden mehr schlecht reden musst, kannst du anderen mit einfühlendem Herzen durch dein gutes Beispiel helfen.

Böse Worte, im Verlauf einer Unmutswallung gesprochen, sind für Freundschaft, für die grünen Pflanzen des achtungsvollen und einfühlsamen Umgangs wie ein Waldbrand.

Menschen, die sich an ihrer eigenen Erregung berauschen und zu Sklaven ihres Ärgers gemacht haben, sind wie seelische Brandstifter, die auf die geringste Provokation mit brennendem Zorn reagieren und ringsum allen Seelenfrieden zerstören.

Waldbrände richten Millionenschäden an, und seelische Brandstifter, die das Glück von Millionen intelligenter Menschen in Rauch aufgehen lassen, verursachen Schäden in Milliardenhöhe, weil sie so viel kreatives Denken unterbinden und so viel Nervenkraft vergeuden.

Man muss nicht in allem einer Meinung sein, um freundlich miteinander umzugehen. Bleib bei allen Meinungsverschiedenheiten ruhig und höflich. Menschliche Schwäche wird ärgerlich und schimpft, göttliche Stärke hält die Zügel der Reizbarkeit und Wortwahl immer fest in der Hand. Was auch immer dich provozieren mag, zeig gutes Benehmen. Mit gelassenem Schweigen oder von Herzen kommenden begütigenden Worten zeigst du, dass Freundlichkeit mehr vermag als das hässliche Benehmen eines anderen. Im milden Licht deiner Nachsicht schmilzt der angestaute Hass deiner Feinde dahin.

Hast du dir mit Unfreundlichkeit und Griesgrämigkeit den Magen verdorben? Nimm die Medizin der Freundlichkeit ein. Fass den Entschluss, dich zu ändern, und fang damit an, dass du mit allen, die unter deiner ungerechten Härte zu leiden hatten, nur noch in aufrichtiger Liebenswürdigkeit sprichst. Fang mit deiner Familie an, und wenn es dir hier gelingt, wird dir der freundliche Umgang mit Menschen zur Gewohnheit werden. Glück wurzelt in Verständnis und freundlichen Worten.

Unfreundliche Worte können lebenslange Freundschaften abtöten und die heimische Harmonie zerstören. Verbanne unfreundliche Worte ein für alle Mal, und in deinem Haus wird es kein böses Blut mehr geben. Freundliche Worte sind ein Labsal für jede Seele. Und wie groß überall der Bedarf an solchen Worten ist! Von Herzen kommende Worte schaffen Glück bei Freund und Feind, in der Kirche, im Büro und überall. Wenn sich ein Griesgram verabschiedet, atmen alle auf, und wie froh sind sie, wenn ein echter Freund erscheint, dessen Stimme und dessen Worte wie Balsam sind.

Die Leute fürchten sich vor Krankheiten, die den Körper verzehren, aber nur wenige suchen ernsthaft nach Heilmitteln, wenn sie sich die Krankheit der Eifersucht zugezogen haben. Shakespeare nannte sie ein Geschwür, das die Wurzeln der Liebe zerfrisst. Sie ist sogar noch schlimmer.

Eifersucht scheint überall auf der Welt wie eine Seuche zu wüten. Sie ist die „Schwindsucht „ der Ehe. Sie nistet sich dort ein, zerfrisst das Glück, bis die Ehe schließlich an Argwohn und ständigen Beschuldigungen und Gegenbeschuldigungen verblutet.

Das Gleiche im geschäftlichen Bereich, wo sie rasant oder langsam das Gewebe der Zusammenarbeit und Eintracht zersetzt, die das Leben einer Firma oder Organisation ausmachen. Auch in politischen und religiösen Organisationen: Hütet euch vor dieser zehrenden Krankheit, lasst euer Glück nicht einfach so zuschanden gehen.

Wenn du ein Sklave deiner Sinne bist, kannst du nicht glücklich sein. Sei Herr deiner Wünsche und Begierden, und deinem Glück steht nichts im Wege. Wenn du zwanghaft zu viel isst, etwas mit deinem Gewissen nicht Vereinbares möchtest, dich von deinen Sinnen zu falschem Handeln zwingen lässt, wenn du also gegen den Willen deines wahren Ich handelst, kannst du nicht glücklich sein. Menschen, die zu Sklaven ihrer Sinne geworden sind, lassen sich durch ihre Gewohnheiten zu Taten hinreißen, die ihnen schaden. Schlechte Angewohnheiten setzen sich jedes Mal gegen deine Willenskraft durch, wenn sie die Führung zu übernehmen und dich ins Reich des rechten Handelns zu führen versucht. Befreie deine Willenskraft aus der Umklammerung der Sinne, das ist das Heilmittel.

Wer falschen Gewohnheiten nachgibt, macht sie immer stärker und seinen Willen immer schwächer. Gegen deine schlechten Angewohnheiten – Ärger, Nörgelei, Eifersucht, Angst, Trägheit, Esssucht oder wie deine besonderen

Schwächen auch heißen mögen – kämpfst du dadurch an, dass du Versuchungen nicht nachgibst, die gegen deinen Willen sind. Und wenn du dich zu etwas entschlossen hast, von dessen Richtigkeit du überzeugt bist, dann lass dich durch nichts davon abbringen. Das gibt dir einen von Weisheit geleiteten Willen, der deinen schlechten Gewohnheiten überlegen ist. Sag dich vom materiellen Misserfolg, von der spirituellen Unentschlossenheit, von den geistigen und moralischen Schwächen und von der halbherzigen Meditation des vergangenen Jahres los und setze deine Willenskraft für Erfolg, Selbstbeherrschung und tiefe Meditation ein, bis du wirklich in Verbindung mit Gott kommst.

So gut wie alle Seelen sind Gefangene der Sinne, die an der Oberfläche des Körpers ihren Sitz haben. So wird die Aufmerksamkeit der Seele von ihrer eigentlichen Domäne, dem spirituellen Auge und den Chakras, abgelenkt und in die äußeren Regionen gelockt, wo Habgier, Versuchung und Verhaftung ihre Hochburgen haben. Der Sucher, der seine Seele aus den Elendsquartieren der Sinne herausführen möchte, wird erfahren müssen, dass es zu heftigen Zusammenstößen zwischen den Kräften der Sinne und denen der Seele kommt.

Wenn du nicht genügend Willenskraft besitzt, rate ich dir zu einem Versuch mit der „Nein-danke-Kraft". Wenn du zum Beispiel an einem reich gedeckten Tisch sitzt und die Gier dich mittels Betäubung deiner Selbstbeherrschung verleiten will, mehr zu essen als dir guttut – dann aufgepasst! Wenn du von den für dich geeigneten Speisen genau die richtige Menge zu dir genommen hast, sagst du dir: „Jetzt höre ich auf." Dann stehst du auf und gehst. Vielleicht ruft dir jemand nach und sagt: „Aber den herrlichen Apfelkuchen musst du doch noch probieren!" Dann sagst du einfach: „Nein, danke."

Unaufrichtigkeit, Gedanken an Versuchungen, Rachegedanken – das sind die Elend verbreitenden Kräfte der Sinne. Sie wollen die Burg deines Glücks erstürmen und dich im Kerker des Unglücks und der Leiden gefangen halten. Sobald sie sich zum Sturmangriff auf deinen inneren Frieden sammeln, bietest du alle Kräfte des Lichts, der Redlichkeit und der Selbstbeherrschung auf und stellst dich ihnen entschlossen entgegen.

Vergiss nicht, es liegt ganz bei dir, ob du von Gier, Zorn, Hass, Vergeltungssucht und Sorgen geplagt in der Sklaverei der Sinne leben willst oder es vorziehst, dass in deinem geistigen Reich Selbstbeherrschung, Gelassenheit, Liebe, Verständnis, Frieden und Harmonie herrschen. Vertreibe die „Rebellen" der Sinnesgewohnheiten, die im Reich deines Friedens nur Unglück verbreiten. Sei Herr deiner selbst, umgeben von den Kräften des Guten, und in deinem Reich wird ewiges Glück herrschen.

Alles Gute und Schlechte, das du tust – übergib es Gott. Damit ist natürlich nicht gemeint, dass du dich dem

Schlechten einfach ergeben sollst; aber wenn eine Gewohnheit noch so stark ist, dass du nicht gegen sie ankommst, dann sag dir, dass Gott durch dich handelt. Gib *Ihm* die Verantwortung! Er mag das. Er möchte dir nämlich die Augen dafür öffnen, dass Er es ist, der dein Dasein träumt.

Solange du dich bemühst, wird Gott dich *niemals* im Stich lassen.

KAPITEL 4

GUTES BENEHMEN

Mein Lehrer hat mich stets ermahnt: „Du musst lernen, dich zu benehmen“, und ich kann ihm gar nicht dankbar genug sein.

Ich fand heraus, dass ich mich im Spiegel des Bewusstseins anderer, und das galt vor allem für den vorurteilsfreien Geist meines Meisters, klarer sah als mit meinem eigenen nebelhaften Verstand.

Ich suchte die Gesellschaft von Menschen mit ruhigem Geist und fragte sie, wie ich aus ihrer Perspektive wirkte. Ich hatte nämlich festgestellt, dass meine Vorstellung von dem, was andere von mir hielten, durchaus nicht mit dem übereinstimmen musste, was sie ganz für sich *tatsächlich* über mich dachten.

Man braucht einigen Mut für das zu erwartende Wortgefecht oder anderes Ungemach, wenn man andere auf ihre Fehler aufmerksam machen möchte. Deshalb scheuen es die meisten, dich offen zu kritisieren. Sie hetzen lieber hinter deinem Rücken über dich oder denken sich ihr Teil.

Auch gute Freunde kritisieren dich nicht offen, weil sie dich nicht kränken wollen, aber innerlich kritisieren sie dich doch – wie du sie. Wenn du wirklich wissen möchtest, was deine Freunde von dir halten, benimmst du dich am besten vorbildlich und arbeitest immer weiter an dir, um selbstlos, ruhig, meditativ, furchtlos, umgänglich, aufrichtig, höflich und methodisch zu werden, immer Wort zu halten und sehr bestimmtes Auftreten nicht zu scheuen. Deine Freunde werden so begeistert von deiner Charakterfestigkeit sein, dass sie nur gut von dir denken und das auch offen sagen.

Lerne gutes Benehmen und sei glücklich, das überträgt sich auf alle Menschen, denen du begegnest.

Selbstbeherrschung fühlt sich anfangs gar nicht gut an, weil man ja von den ewig Lust und Behagen heischenden Sinnen Abstand nehmen muss. Aber wenn die Selbstbeherrschung reifer geworden ist, wird die Wahrnehmung der Seele immer feiner, sie wird viel empfänglicher für Glückserfahrungen, viel selbstgenügsamer als in der Zeit ihrer Identifikation mit den Freuden der Sinne. Wenn der Sucher eine Leere empfindet, die er fürchtet, muss er sich vor Augen halten, dass Entsagung kein Selbstzweck ist. Sie soll vielmehr zu etwas führen, sie lehrt ihn, seine Aufmerksamkeit von den niederen Sinnenfreuden auf die tieferen Freuden der Seele zu verlagern.

Verweile nie in Gedanken bei deinen Mängeln und Schwächen. Erinnere dich lieber an Gutes, das du getan hast, und überhaupt an alles Gute in der Welt. Innerlich bist du vollkommen; rede dir gut zu, es zu glauben. So wirst du einen Zug in dir spüren, dich an dein ewiges wahres Wesen als Kind Gottes zu erinnern.

Gegen die Siege, die wir über uns selbst erringen, wiegen äußere Errungenschaften gar nichts. Lasst uns innere Wohnstätten der Schönheit erschaffen, gebaut in den Tälern der Demut, wo wir den Regen der göttlichen Barmherzigkeit und der guten Wünsche anderer sammeln.

Gottes Gnade kann auch dürre Herzen fruchtbar machen und ihre karge Steppe in üppige Gärten des inneren Friedens und des Glücks verwandeln.

Wenn du geliebt werden möchtest, fang an, Menschen zu lieben, die deiner Liebe bedürfen. Und wenn du möchtest, dass andere dir aufrichtig begegnen, dann sei du der erste, der aufrichtig ist. Du wünschst dir die Sympathien anderer, also zeig den Menschen in deiner Umgebung Sympathie. Wer Achtung will, begegne allen Menschen, jung und alt, mit Achtung. Wer in Frieden mit ihnen leben will, muss mit sich selbst im Frieden sein. Wer sich bei anderen Aufgeschlossenheit für die höheren Dinge wünscht, muss seine eigene spirituelle Entwicklung vorantreiben. Kurz: Was du dir bei anderen wünschst, das verwirkliche zuvor bei dir selbst. Du wirst sehen, dass andere dir so begegnen, wie du es ihnen vorlebst.

Du wünschst dir, dass andere sich dir gegenüber einwandfrei verhalten, und ihre Fehler siehst du nur allzu leicht, aber deine eigenen Schwächen zu betrachten und dich selbst ordentlich zu benehmen, das kann viel schwieriger sein. Doch wenn du dich immer wieder darauf besinnst, werden andere sich bemühen, deinem Beispiel zu folgen. Widme dich deinen eigenen Schwächen, ohne Minderwertigkeitsgefühle zu haben, und sieh zu, dass du stetig an dir arbeitest. Dann ist deine Zeit weitaus besser genutzt als mit dem Wunsch, andere mögen besser sein. Dein Vorbild bewegt andere eher zu Veränderungen, als es deine Wünsche, dein Wüten und deine Worte vermögen.

Bessere dich selbst, und du wirst auf andere ringsum erhebend wirken und glücklicher sein. Und je glücklicher du wirst, desto glücklicher sind auch die Menschen in deiner Umgebung.

Menschen, die sich nicht ändern, sind unglücklich. Besonders unwissende Menschen wissen kaum, wie es sich anfühlt, glücklich oder unglücklich zu sein. Über deine Unwissenheit unglücklich zu sein ist besser, als fröhlich mit ihr zu sterben. Sei stets und überall wach und bereit, vorbildliches Verhalten gebührend zu würdigen und schlechtes geflissentlich zu übersehen. Dein höchstes Glück liegt in deiner Bereitschaft, zu lernen und dich tadellos zu betragen.

Überdruss plagt Menschen, die meinen, sie hätten alle Freuden des Lebens bereits ausgekostet. Wüssten sie doch, wie viel Trost man in guten Büchern finden kann. Im unbeschäftigten Geist machen sich Sorgen und Verzweiflung zu schaffen. Bücher der ersten Wahl sind undogmatische spirituelle Werke. Beschäftige dich mit einem oder zwei

Gebieten intensiv, aber du solltest auch über alle anderen Themenbereiche etwas wissen – Botanik, Logik, Astronomie, Musik, Sprachen, Politik. Physiologie ist ein wichtiges Studiengebiet. Lies jeden Monat ein gutes Wissenschaftsmagazin.

Lesen ist der beste intellektuelle Sport. Du bist beschäftigt und dein Verstand wird fit gehalten. Ein, zwei Stunden Lektüre am Tag, es müssen natürlich gute Bücher sein, verschaffen dir innerhalb von zehn Jahren eine umfassende Bildung. Vergeude deine Zeit nicht mit wertlosem Lesefutter, das deine geistigen Fähigkeiten verkümmern lässt. Entwickle dieses echte Interesse an Literatur, sonst entgeht dir das Erbe der Jahrtausende.

Wenn du mit Menschen und der Welt nicht so gut zurechtkommst, lies Bücher und halte dich in der Gesellschaft dieser schweigenden Freunde auf, die so viel Trost und Inspiration schenken. Und wenn du ein umgänglicher Mensch bist, wirst du das aus den Büchern hochherziger und begabter Menschen Gelernte für andere nutzbar machen können.

Lies große Werke, mach Anmerkungen und verarbeite wichtige Stellen innerlich. Sprich mit intelligenten Menschen über bedeutende Themen. Wenn du Ideen anderer aufnimmst und sorgfältig durchdenkst, schulst du deine eigene Originalität. Halte beim Denken die Augen geschlossen und konzentriere dich ganz auf dein Thema. Tu nichts halbherzig oder nur mit halber Aufmerksamkeit.

Gute Bücher sind dir immerwährende stille Freunde. Wenn du Sorgen oder Kummer hast, vertiefe dich in ein gutes Buch. Lausche den tröstenden und inspirierenden Worten der großen Geister aller Zeiten.

Bücher wie die Bibel oder die *Bhagavad-Gita* liest man nicht wie einen Roman. Lies einen Abschnitt, mach dir seinen Sinn klar und meditiere über seine Wahrheit. Danach sieh zu, ob du diese Wahrheit leben kannst.

Es gibt drei „Bibeln", aus denen ich meine Inspirationen beziehe: die christliche Bibel, die *Bhagavad-Gita* und mein Buch *Flüstern aus der Ewigkeit*, das mir von Gott gegeben wurde. Durch Meditation und intuitive Wahrnehmung erschließen sich mir mehr Wahrheiten als durch das Lesen von Büchern.

Lies nach der Meditation. Lass dich durch deine Intuition zu einer kritischen Einschätzung leiten. Halte deinen Geist mit guten Büchern beschäftigt, wenn du nicht meditierst. Nutze deine Freizeit für interessante Bücher, das schützt dich vor müßigen Gedanken, die doch nur Langeweile und Unzufriedenheit erzeugen.

Die Liebe zwischen Mann und Frau braucht zum Ausgleich Selbstbeherrschung und das Gespräch über gute Bücher – so kommt es gar nicht erst zu sinnlosen Familienkriegen oder ehelichem Zwist, der allen Frieden zunichtemacht.

Wenn du glücklich sein möchtest, lerne, allein zu sein und alle möglichen Dinge und Erfahrungen in dir selbst zu betrachten – gute Bücher, Probleme, Religion, Philosophie und Glück. Glück verlangt selbst gewählte Bescheidung und immer wieder Phasen des Alleinseins. Wenn du es nicht vermeiden kannst, dich in einer Runde von Vielrednern aufzuhalten, kannst du dich trotzdem in die Abgeschiedenheit deiner tiefen Gedanken zurückziehen und den Frieden deiner inneren Quelle der Stille genießen.

In der Meditation kommst du zur Wahrnehmung der Gegenwart Gottes – vergeude sie nicht durch gehaltloses Plaudern. Unnütze Worte sind wie Geschosse, die den Milcheimer des Friedens durchlöchern. Nach überflüssigen Gesprächen mit allzu viel Gelächter findest du den Eimer leer. Fülle das Gefäß deines Bewusstseins mit der Milch des meditativen Friedens, und sieh zu, dass es gefüllt bleibt. Witzige Reden sind falsches Glück. Zu viel Lachen macht den Geist undicht, und der meditative Frieden geht verloren.

Meditiere regelmäßig, und du wirst in dir echte Freude finden. Vergleiche sie einmal mit den Freuden der Sinne. Der Vergleich wird in dir den Wunsch wecken, alte Gewohnheiten abzulegen, von denen du nur Unangenehmes zu erwarten hast. Das beste Mittel gegen äußere Verlockungen besteht darin, dass du dir etwas wahrhaft Befriedigendes verschaffst, womit du sie vergleichen kannst.

Lass dich nie zu Ruhelosigkeit, zu vielen Scherzen und überhaupt zu viel Ablenkung verführen. Sei tief. Sobald du der Unrast nachgibst, werden dich schnell die alten Plagen wieder ganz in der Hand haben – Sex, Wein, Geld.

Kurzweiliges und fröhliches Zusammensein hin und wieder kann natürlich nicht schaden, aber sieh zu, dass du nicht leichtfertig wirst. Sei tief in allem, was du tust. Bleib in deiner inneren Ruhe, auch wenn du lachst. Sei fröhlich, aber immer ein wenig in dich zurückgezogen. Sieh zu, dass die innere Freude dein Schwerpunkt ist.

Sei im Selbst zu Hause. Lass dich ein wenig herab, wenn es nötig ist, zu essen, ein Gespräch zu führen oder deine Arbeit zu tun. Danach zieh dich wieder in das Selbst zurück.

Sei ruhig in deinem Tun und aktiv in deiner Ruhe – das ist der Weg des Yogi.

Denk an einem bewölkten Tag an die Folgen von sonnigen Tagen, die du schon erlebt hast. Wenn du gedrückter Stimmung bist und schon meinst, dabei werde es jetzt bleiben, denk an die vielen glücklichen Tage der Vergangenheit. Es wäre Undankbarkeit gegenüber dem Geber aller Gaben, all die Jahre zu vergessen, in denen dir Gesundheit gelächelt hat, nur weil es dir jetzt seit ein paar Monaten nicht gut geht. Du bringst dich nur unnötig aus dem inneren Gleichgewicht, wenn du die Beschwernisse einiger Wochen oder Monate so ernst nimmst, dass du darüber die Jahre des Glücks vergisst.

Lass dich nicht von der vorübergehenden Unwissenheit des verkörperten Daseins irremachen. In deiner Seele ist alle Weisheit Gottes, wenn auch tief vergraben. Da du nach Seinem Bilde gemacht bist, müssen Seine Weisheit und Sein Glück irgendwo im Gerümpelkeller deines Unbewussten lagern. Lächeln, wenn alles gut läuft, ist nicht schwer und ganz natürlich. Aber wenn sich alles gegen dich zu wenden scheint, fällt es dir schwer zu lächeln. Umso bewundernswerter, wenn es dir trotzdem gelingt; du erkennst daran, dass du auf dem Weg zu dauerhaftem Glück bist. Du kannst ein Trübsinn-Heiler werden, dessen Spezialität das Lächeln ist, mit dem er traurige und bedrückte Herzen heilt.

Wenn du krank bist, denk nicht an die Dauer der Krankheit, sondern lieber an die vielen gesunden Jugendjahre, die dir beschieden waren. Und was du einmal hattest, kannst du wieder haben, wenn du dich entschieden genug einsetzt. Aufzugeben ist ein harter und trostloser Weg; streng dich lieber an, bis du Erfolg hast, das ist weitaus leichter.

Traurigkeit vertreibt man mit Freude; Versagensängste, die einem alle Kraft rauben, mit dem Tonikum des Erfolgsbewusstseins. Glätte Konflikte mit dem Meißel der Harmonie. Begegne Sorgen mit Gelassenheit. Wirf Kümmernisse in die Flammen des Glücks. Bring Unfreundlichkeit mit Freundlichkeit zum Schweigen. Weise Krankheitsgedanken die Tür und lass Vitalitätsgedanken ein. Lass deinen Geist nicht von Unruhe und Unwissenheit bedrängen. Lass in dir ein Reich der Stille entstehen, und der Gott des Glücks wird ohne Mühe eintreten können.

KAPITEL 5

DAS EINFACHE LEBEN

Einfachheit ist nicht drückende Armut, nicht das Gegenteil von Reichtum. Einfach zu leben heißt, dass man einen Weg der Stille und des rechten Maßes geht. Glück liegt in einem Leben, das sich im Gleichgewicht zwischen den Extremen abspielt.

Wahre Liebende, die mit sich und der Welt in Frieden sind und alles freudig nehmen, wie es kommt, bedauern mit Recht sogar Könige um ihr Los.

Glück ist der wahre und natürliche Seinszustand des Menschen. Nur wenige finden es, denn die meisten leben an der Peripherie ihrer selbst, sie streben so weit wie möglich nach allen Seiten von ihrer inneren Mitte weg. Je reicher und mächtiger sie werden, desto leerer fühlen sie sich innerlich.

Bei Königen wird das Glücksverlangen häufiger enttäuscht als erfüllt. Ihr natürlicher Wunsch nach Freundschaft bleibt immer vergeblich, weil alle nur ihre Gunst suchen. Auch Verständnis bleibt ihnen verwehrt, weil ringsum alle nur um ihre Aufmerksamkeit wetteifern. Je zahlreicher die Gefolgschaft eines Königs, desto größer seine Einsamkeit.

Überall müssen die Menschen bei ihrer Jagd nach dem Glück schließlich feststellen, dass sie in einem leeren Füllhorn gestöbert haben, dass sie Kristallkelche zum Mund zu führen versuchen, in die nie der Wein des Glücks gegossen wurde.

Glück liegt in der entschlossenen Anstrengung, alle deine Wünsche und Bedürfnisse so klein wie möglich zu halten, und in der Fähigkeit, unter allen äußeren Bedingungen zu lächeln, außen und innen.

Suche jeden Abend vor dem Zubettgehen für mindestens zehn Minuten Ruhe und innere Stille, das Gleiche am Morgen, bevor du aufstehst. Das erzeugt eine durch nichts zu erschütternde Gewohnheit, glücklich zu sein, und in dieser Gewohnheit kannst du allen Herausforderungen des täglichen Lebenskampfs begegnen. Widme dich den Anforderungen jedes Tages in der Sicherheit dieses inneren Glücks.

Suche Glück nicht so sehr in Dingen, die man sich verschaffen kann, sondern in dir selbst. Sei so glücklich, dass nichts, was dir begegnet, dein Glück gefährden kann. So kannst du auch ohne die Dinge zurechtkommen, an die du gewöhnt bist. Sei glücklich in dem Wissen, dass du die Macht hast, negatives Denken zu unterlassen. Du wirst dann nie wieder so materiell gesinnt sein, dass du dein wahres inneres Glück aus den Augen verlierst – auch dann nicht, wenn du Millionär werden solltest.

Hier in Amerika gibt es so vieles, was ich mir gegen die Armut in meiner Heimat gewünscht hätte. Nach einiger Zeit fand ich jedoch heraus, dass die Leute hier alles in allem nicht so glücklich sind wie die Landbevölkerung Indiens, unter der es viele gibt, die sich nur eine Mahlzeit pro Tag leisten können. Hier dagegen herrscht materieller

Überfluss, aber die Menschen sind trotzdem weniger glücklich. Für die Sinne gibt es hier mehr als genug – Amerikaner sind übersättigt. Das Glück bleibt ihnen verschlossen, einfach weil sie es überall außer in sich selbst suchen.

Vieles von dem, was Glück genannt wird, ist in Wahrheit nur verkapptes Leid. Eine zu reichliche Mahlzeit mag dich zunächst befriedigen, aber das ändert sich, sobald Verdauungsstörungen eintreten oder der Magen drückt. Lass dich nicht von sinnlichen Verlockungen und schlechten Gewohnheiten beherrschen, sondern sei streng mit deinen Gelüsten und Gewohnheiten, so schaffst und sicherst du dein Glück. Deinen eigenen Hunger kannst du nicht dadurch stillen, dass du einem anderen zu essen gibst, und genauso findest du kein Glück, wenn du den Sinnen in ihrer Unersättlichkeit nachgibst.

Luxus schafft kein Glück, sondern vertreibt es. Beschäftige dich nicht zu viel mit Gedanken an Dinge, die dich glücklich machen könnten. Sei immer zufrieden, ob du ein auskömmliches Leben erst noch schaffen musst oder es schon hast. Du kannst in einer armseligen Hütte ein König sein, du kannst in einem Palast ein armseliges, unglückliches Dasein fristen. Glück ist eine Sache des Geistes. Sieh zu, dass du es zuerst in dir selbst verankerst, dann geh mit dem festen Vorsatz, immer glücklich zu sein, durch die Welt, wo du Gesundheit, Wohlstand und Weisheit finden wirst.

Sei mit fröhlichem Gemüt auf Erfolg aus, anstatt in unglücklicher Verfassung deine Wünsche verwirklichen zu wollen.

Ausgeben ist leichter als verdienen. Sparen ist schwieriger als verdienen. Die meisten Menschen geben mehr aus, als sie verdienen. Was fehlt, wird geborgt, oder man kauft auf Raten. Lass dich nicht darauf ein, mit den „Müllers von nebenan" mithalten zu müssen. Wenn du mehr haben möchtest, als dein Geldbeutel hergibt, lädst du dir ständige Sorgen auf. Wer mehr ausgibt, als er verdient, lebt in Sklaverei.

Erlerne die Kunst des Geldverdienens, aber auch die des Sparens. Selbst ein hohes Einkommen wird zum zweifelhaften Segen, wenn du dir ein luxuriöses Leben angewöhnst und keine Rücklagen bildest. Wenn du aus irgendeinem Grund plötzlich nicht mehr deiner Arbeit nachgehen kannst und nichts angespart hast, was dann? Luxusgewohnheiten sind natürlich besonders schlecht, wenn du ein geringes Einkommen hast. Du solltest ein Viertel deines Einkommens für ein einfaches Leben verwenden und die übrigen drei Viertel sparen, dann kannst du dich beruhigt im Gefühl deiner Sicherheit wiegen. Spare den Überschuss einfach nur an und versuche nicht, durch waghalsige Aktionen an das „schnelle Geld" zu kommen.

Glück hat viel mit Selbstbeschränkung zu tun: Du gewöhnst dir an, einfach zu leben und hochherzig zu denken, du gibst weniger aus, selbst wenn du mehr verdienst. Bemühe dich ruhig um mehr Einkommen, damit du anderen Hilfe zur Selbsthilfe gewähren kannst.

Freude ist ein zartes Pflänzchen, es blüht nicht in der stickigen Atmosphäre des weltlichen Denkens, das sein Glück in Geld und Besitz sucht. Freude kann auch welken, wenn man sie austrocknen lässt, weil man Bedingungen an sein Glück knüpft, etwa mit dem Gedanken: „Ich kann erst wirklich glücklich sein, wenn ich diesen Wagen (dieses Kleid, dieses Haus, diesen Urlaub am Meer) bekomme." Materialistische Menschen jagen den Schmetterling des Glücks mit allen Mitteln und fangen ihn doch nie. Selbst wenn sie alles hätten, was sie sich je erträumt haben, würden sie dem Glück doch nicht näher kommen.

Aber das Glück blüht ganz von selbst im Herzen dessen, der innerlich frei ist. Es fließt ganz von selbst wie ein Gebirgsbach nach einem Aprilschauer, wenn du mit einem einfachen Leben zufrieden bist und bereitwillig auf all die heute so genannten Notwendigkeiten des Lebens – die Luftschlösser des ewig unbefriedigten Geistes – verzichtest.

Wenn du alles äußere Streben aufgibst, um den Frieden im Innern zu suchen, wirst du vielleicht vorübergehend mit einer gewissen Wehmut an deine alten, vertrauten Gewohnheiten denken. Wer es gewohnt war, sich vorwiegend im Äußeren zu schaffen zu machen, empfindet das Einfache anfangs mitunter als allzu karg und nicht sehr einladend.

Aber wer sich nicht abschrecken lässt, dem wird die innere Welt immer vertrauter, bis er mehr und mehr Glück im Genügen der Seele findet. Er wird immer deutlicher sehen, was wahres Glück ist.

So können auch vorübergehend Verlustgefühle auftreten, wenn man in weltlichen Belangen Rückschläge erleidet. Es mag dann erst einmal so aussehen, als hätte das Leben alles Grün der Hoffnung verloren. Aber wenn man eine Zeitlang durch diese Wüste geirrt ist und sich dann aufrafft und sich mutig den neuen Umständen stellt, wird man erkennen, dass sich das Leben im Grunde nicht geändert hat, dass man sich nur zu einer unerfreulichen Betrachtungsweise hat hinreißen lassen. Dann werden einem glücklichere Zeiten wieder einfallen, zum Beispiel die schlichten Freuden der Kindheit. Und plötzlich ist klar, dass „Erfolg" eigentlich nur als dieses innere Gefühl der Zufriedenheit definiert werden kann und dieses göttliche Genügen – wie wunderbar! – das Einzige im Leben ist, was man sich immer bewahren kann.

Auf jeden Fall kann man dieses scheinbar so wüste Land der Verluste, des Misserfolgs und der Enttäuschung wieder zum Blühen bringen, wie ja auch die Wüste nach Regenfällen zu neuem Leben erwacht. Dem Geist, der innere Ruhe sucht, erscheinen irgendwann plötzlich blühende Wiesen des Friedens. Dann erfährt die Seele ein Glück, das kostbarer ist als selbst der allergrößte Erfolg bei weltlichen Unternehmungen.

Solltest du, lieber Leser, je auf der Stufenleiter des Erfolgs ausgleiten oder sogar abstürzen und dann vielleicht mittellos und ohne Ansehen dastehen und zu einem bescheidenen Leben gezwungen sein – nimm es nicht so schwer. Lass dich lieber gespannt auf das neue Abenteuer ein, das dir vom Leben geboten wird.

Wenn deine Träume in Trümmern liegen, stell dich einfach mutig auf die veränderten Umstände ein. Im einfachen Leben findest du, was du vielleicht nie freiwillig dort gesucht hättest: das süße Glück, nach dem sich dein Herz immer gesehnt hat.

Das Leben wird dir mehr schenken, als du je erträumt hättest, wenn du dich der neuen Fülle öffnest, die nicht in weltlichem Vermögen, sondern in Zufriedenheit, in göttlichem Genügen besteht.

KAPITEL 6

DEIN GLÜCK MIT ANDEREN TEILEN

Dein Wunsch nach Glück muss sich auch auf das Glück anderer erstrecken.

Wenn wir anderen dienen, dienen wir uns selbst. Aber nimm dir nicht vor, anderen zu helfen. Sag dir lieber: „Ich helfe den Meinen, ich helfe meiner Welt, denn nur so kann ich glücklich sein.“

Das Gesetz des Lebens soll uns lehren, in Einklang mit der äußeren Natur und mit unserer wahren inneren Natur zu leben.

Wenn du den heißen Herd berührst, wirst du dir die Finger verbrennen. Der Schmerz ist ein Warnsignal, von der Natur so eingerichtet, damit du deinem Körper keinen ernsthaften Schaden zufügst.

Zeigst du dich anderen gegenüber unfreundlich, wirst du Unfreundlichkeit zurückbekommen, und nicht nur von den Menschen, sondern vom Leben selbst. Dein eigenes Herz wird dürr und hart. So warnt uns die Natur, dass wir uns mit Unfreundlichkeit selbst Gewalt antun und den Einklang mit unserem wahren Selbst stören.

Wenn wir das Gesetz kennen und uns entsprechend verhalten, leben wir in dauerhaftem Glück, erfreuen uns bester Gesundheit und sind im Einklang mit uns selbst und dem Leben.

Vor Jahren besaß ich ein sehr schönes indisches Musikinstrument, Esraj genannt. Ich habe sehr gern religiöse Musik darauf gespielt. Dann hatte ich einmal einen Besucher, der sich sehr begeistert von diesem Instrument zeigte. Ich schenkte es ihm augenblicklich, einfach so. Jahre später wurde ich einmal gefragt: „Hat es dir nicht ein bisschen leidgetan?" „Keine Sekunde!", sagte ich. Unser Glück wird größer, wenn wir es mit anderen teilen.

Liebende können miteinander Glück finden, wenn sie ein einfaches Leben führen und ihr Dasein nicht mit Üppigkeit, Künstlichkeit und brennendem Ehrgeiz belasten.

Wenn sich zwei selbstbezogene Menschen durch Eheschließung formell vereinigen, bleiben sie geistig doch solange getrennt, wie jeder seiner Eigenliebe frönt. Jeder bleibt in seiner Zelle der Selbstsucht, Harmonie und gemeinsames Glück sind ihnen verwehrt. Im Lieben, nicht im Geliebtwerden liegt der Schlüssel, der die Herzen aufschließt, sodass der Weg frei ist für eheliches Glück.

Eigenliebe schränkt ein. Wo Sympathien über die eigene Person oder die Zweisamkeit oder auch die Familie hinaus ausgedehnt werden, wird die Beziehung eine neue Qualität bekommen. Durch Egoismus bedingte Missklänge hören auf, und selbstlose, göttliche Liebe hält Einzug in die Beziehung.

Entscheidend ist die selbstlose Liebe. Partner, die sich zuerst als „du und ich" verstanden, sehen später, wenn ihr Verständnis tiefer wird, nur noch ein Ganzes. So kann sich menschliche Liebe zu Gottesliebe weiten.

Ohne Gott bleibt menschliche Liebe unvollkommen. Eine Ehe wird erst durch die „geheime Zutat" der göttlichen Liebe wahrhaft fruchtbar. Irdische Liebe, die sich nicht zur göttlichen Liebe hin weitet, ist nicht wahrhaft Liebe, sondern eigentlich nur Dienst am Ego, der im Begehren wurzelt.

Wahre Liebe kommt aus Gott. Nur Herzen, die weiter und dadurch reiner geworden sind, fassen die Fülle dieser Liebe. In dieser Weitung werden die Gefühle des Herzens zu Kanälen, durch die Gottes Liebe in die Welt strömt.

Echtes Eheglück besteht nicht darin, dass einer sein Glück im anderen findet. Glück kommt immer von innen. Wie traurig, all das Leid, das Menschen einander antun, weil sich ihre Glückserwartungen auf andere richten!

(Swami Kriyananda erzählt:)

Eine von Zweifeln geplagte Frau kam zu Yogananda und

fragte: „Manche Leute meinen, bei all dem Leid in der Welt sei es nicht recht, glücklich zu sein. Bedeutet persönliche Freude nicht, dass es einem an Mitgefühl für die Leiden anderer mangelt?“

Sie fügte hinzu: „Jesus wird immer als ‚Schmerzensmann‘ dargestellt. Ich habe noch nie gehört, dass jemand ihn als Freudenmann beschrieben hätte.“

Der Meister antwortete: „Der Jesus, den ich kenne, ist reine Glückseligkeit und kennt keine Leiden. Ja, die Schmerzen der Menschheit dauern ihn, aber das macht ihn nicht gramgebeugt.

Hätte er sich die Leiden anderer zu eigen gemacht, was hätte er ihnen dann zu geben gehabt? Er hätte ihre Schmerzen nur verschlimmert.

Wer in Gottes Seligkeit ist, der fühlt mit den Millionen, die den Grund ihres Daseins nicht verstehen. Aber das Mitgefühl macht sein Glück nur noch reiner und verdunkelt es nicht. Glückseligkeit ist das Heilmittel, das alle Menschen suchen, ob sie es wissen oder nicht. Sie ist keine Nebensache, die mit dem Leiden nichts zu tun hat. Je mehr Glück einer in sich fühlt, desto mehr möchte er es mit allen teilen.

Göttliche Freude hat etwas damit zu tun, dass man sich weitet. Leid ist die Frucht der Selbstsucht, eines engen, ganz auf Abkapselung eingestellten Ego. Freude weckt im Herzen Mitgefühl. Man sehnt sich danach, all den bekümmert weinenden Menschen göttliche Glückseligkeit einzugeben.“

Glück ist zwar ein universales Gut, aber es darf niemandem aufgezwungen werden – was auch gar nicht geht. Reformen, die nicht dem Willen Gottes entsprechen, erzeugen nur Uneinigkeit.

Alles Gute, das wir tun, muss nicht allein von Liebe getragen sein, sondern auch von Achtung gegenüber dem freien Willen anderer. Und unsere Achtung gilt hier vor allem dem Göttlichen in ihnen. Wohltätigkeit darf den Empfänger nie seiner göttlichen Würde berauben. Wenn du gibst, mach dem anderen – etwa dadurch, dass du dich dankbar für seine Mithilfe zeigst – gleichzeitig Mut, selbst etwas zu geben. Der andere hat nicht wirklich etwas von den Gaben, wenn er deine Freundlichkeit nur passiv entgegennimmt.

Ein Diamantschneider weiß, dass er sich genau an natürlich vorgegebene Schnittlinien halten muss, wenn er schöne Steine produzieren möchte. Er kann nicht einfach nach irgendwelchen abstrakten eigenen Vorstellungen zu Werk gehen. Genauso ist es, wenn es die Schönheit der menschlichen Natur herauszuarbeiten gilt: Wir müssen die Wirklichkeit des anderen berücksichtigen, anstatt unsere eigenen Vorstellungen in ihm verwirklichen zu wollen.

Ein Mensch, der sich spirituell entwickelt und dabei in sich selbst auf Freude und göttliche Einsicht stößt, wird von Natur aus den Wunsch haben, dieses strahlende Glück und Wohlgefühl der ganzen Menschheit mitzuteilen. Er lernt freilich bald, dass er dabei mit den bestehenden Realitäten zu rechnen hat. Wenn ein Mensch durch Kummer oder Ähnliches aus dem inneren Gleichgewicht geraten ist, muss man diese Instabilität mit sehr viel Feingefühl und oft in kleinen Schritten heilen. Alles Plötzliche, auch Freude, könnte die Störung eher verschlimmern, als sie aufzulösen.

Es ist recht und gut, dass jeder von uns sein Bestes gibt, um diese Welt noch lebenswerter zu machen. Eigennutz ist nicht nach Gottes Geschmack. Auch wenn ein spiritueller Sucher das, was er durch die Meditation gewinnt, für sich zu behalten versucht, nährt er damit nur sein Ego, nicht aber seine Seele. Wir werden unsere selbstlosen Ziele nicht immer schnell oder mühelos erreichen, aber das sollte uns nicht davon abhalten, immer so viel Gutes zu tun, wie wir können. Als Gottes Ebenbild, das jeder von uns ist, haben wir die Kraft Gottes zumindest als Potenzial in uns. Leben und arbeiten wir also lieber nicht unter der Führung des Ego-Bewusstseins, sondern in dem Gefühl, auf Gottes Anleitung und Stärke in uns zurückgreifen zu können.

Je mehr wir durch unsere tägliche Meditation im Wissen um seine Gegenwart leben, desto mehr entwickeln wir die in uns schlummernden Kräfte. Wir schöpfen diese Kräfte aus unserer Einstimmung auf Gott, und wir können mit ihnen jede Schwierigkeit überwinden, die uns begegnen mag.

Übe dich darin, brennende Pfeile des Lächelns auf bekümmerte Herzen zu schießen. Und immer wenn ein Pfeil deines Lächelns solch ein Herz durchbohrt, hast du buchstäblich ins Schwarze getroffen. Töte den Trübsinn mit der Klinge der Weisheit. Kaum siehst du ein bekümmertes Herz, schon schnellt dein Lächeln von der Sehne, gefolgt von begütigenden Worten.

Gegen düstere Hoffnungslosigkeit hilft ein Lächeln, das Mut macht. Lass dir nicht Griesgram zur Gewohnheit werden, sondern das Lächeln. Mach dich unerreichbar für Ärgernisse aller Art, und sollte dich doch einmal jemand kränken, dann vergib und vergiss augenblicklich. Werde niemals wütend und lass dich nicht zum Opfer der Verärgerung eines anderen machen. Unternimm alles, was zur Überwindung von Schwierigkeiten notwendig ist, aber vergiss nie, zuerst und zuletzt und mittendrin zu lächeln. Lächeln ist das beste Kummermittel, das beste Tonikum. Mit einem echten und nicht aufgesetzten Lächeln überwindest du sogar schwere Rückschläge. Und nichts schmückt dich besser als ein Lächeln. Was könnte das strahlende Lächeln des Friedens und der Weisheit in deinem Gesicht an Schönheit übertreffen?

O stilles Lachen, breite dich in meiner Seele aus. Lass meine Seele durch mein Herz und mein Herz durch meine Augen lächeln. Fürst des Lächelns, throne in meinem Gesicht, wo ich dich mit Aufrichtigkeit bewachen und vor aller Scheinheiligkeit beschützen will. Mach mich zum Millionär des Lächelns, damit ich alle traurigen Herzen mit deinem Lächeln überschütten kann.

Vom frühen Morgen an will ich heute meinen frohen Mut auf alle verströmen, die mir begegnen. Ich werde der Sonnenschein für alle sein, die heute meinen Weg kreuzen.

Ich will die Kerze des Lächelns in der Brust der Freudlosen entzünden. Im stetigen Licht meiner Fröhlichkeit wird sich kein Dunkel in den Herzen meiner Brüder halten können.

Göttliche Mutter, lehre mich, andere zu lieben und ihnen zu dienen. Lehre mich, zu meinem Wort zu stehen, wie ich mir von anderen wünsche, dass sie Wort halten. Lehre mich, andere zu lieben, wie ich von ihnen geliebt werden möchte. Lehre mich, Mutter, andere glücklich zu machen, damit ich sie lächeln sehe. Lehre mich, im Glück anderer meine Freude zu finden.

KAPITEL 7
ERFOLG UND WOHLSTAND

Millionen von Kindern werden ohne klaren Richtungssinn auf ihren Weg geschickt. Dort agieren sie wie kleine aufgezogene Spielzeuge, die ungelenkt irgendwohin schnurren und gegen alles stoßen, was auf ihrem Weg liegt. Diese Richtungslosigkeit ist das Los der meisten Menschen, weil sie in ihren frühen Jahren nicht auf die richtigen Ziele aufmerksam gemacht wurden, weil sie nicht mit den Kräften versehen wurden, die ihnen erlauben könnten, einem eingeschlagenen Weg beharrlich zu folgen.

Auf der Bühne des Lebens agieren sie wie Puppen, an Schnüren gezogen von Einflüssen aus der Umgebung, von angeborenen Instinkten und blinden Schicksalskräften. Sie wissen nicht, welcher Part ihnen wirklich liegt, und sie vermögen es nicht, ihre eigenen Aufgaben mit dem Gesamtplan des kosmischen Dramas abzustimmen. Abermillionen gehen den Belangen ihres Lebens wie Schlafwandler nach.

Betrachte deine Kindheit und dein jetziges Leben, damit du deinen wahren Lebensweg bestimmen kannst und nicht vorschnell und auf Abwegen die falsche Richtung nimmst. Wenn du deinen Weg gefunden hast, versuche ihn irgendwie mit den beruflichen Möglichkeiten abzustimmen, die dir zu Gebote stehen. Das Geldverdienen muss sich aber mit deinen Idealen vertragen, sonst wirst du vielleicht wohlhabend, aber nicht glücklich. Glück ist nur möglich, wenn dich finanzielle Interessen nicht auf Abwege zu führen vermögen.

Wach auf! Es ist nie zu spät, dein Leben wirklich zu verstehen. Finde heraus, was du bist und was deine ureigene Arbeit ist, dann kannst du dich zu dem machen, was in dir angelegt ist. Du besitzt Begabungen und Kräfte, die du noch nicht genutzt hast. Du verfügst über die Kräfte, die du benötigst. Nichts ist stärker als die Kraft des Geistes. Lass deinen Geist von den kleinen Gewohnheiten „auferstehen", die ihn an weltliche Belange binden. Zeig das ewige Lächeln Gottes. Das Lächeln der Unbekümmertheit, nicht des Leichtsinns. Das unbezahlbare Lächeln, das niemand dir nehmen kann.

(Swami Kriyananda berichtet:)

Ein Mann, der schwer an allen seinen Pflichten und Aufgaben trug, fragte: „Welchen Stellenwert hat die Pflichterfüllung auf dem Weg zur inneren Freude?"

Sri Yogananda sagte: „Wer ohne Verantwortungsgefühl lebt, der lebt für sein Ego, nicht für Gott. Je mehr einer seinem Ego dient, desto weniger weiß er von wahrer Freude.

Es mag nicht einfach sein, deine Pflichten im Leben zu erfüllen, und es stellt sich auch nicht immer sofort Freude ein. Göttliche Freude zu finden ist ein langfristiges Vorhaben. Der Mensch hat seine Pflichten im Leben zu erfüllen und darf sie nicht scheuen, wenn er in der Ewigkeit Freiheit möchte."

Erfolgreiche Menschen wissen sehr genau, was sie in dieser Welt aufbauen oder ausrichten wollen, und sie lassen sich von ihrem Plan durch nichts abbringen. Als Finanziers setzen sie ihre kreativen Fähigkeiten ein, als Bauarbeiter ihre Willenskraft, als Zimmerleute ihren Blick fürs Detail und als die übrigen Handwerker ihre Geduld – und so lassen sie ihren Traum Wirklichkeit werden.

Du bist unglücklich, weil du nicht entschieden genug die großen Dinge visualisierst, die du zweifelsfrei möchtest; und du setzt deinen Willen, deine Kreativität und deine Geduld nicht genügend ein, um deine Vorstellungen zu verwirklichen. Beginne mit der Erfüllung deiner kleinen Wünsche und geh dann zur Verwirklichung deiner größten Träume über, so findest du Glück.

Sieh zu, dass du keine allzu hochfliegenden Träume hegst und dich in der Folge mit ständiger Mittellosigkeit herumschlagen musst – ganz abgesehen von den spöttischen Bemerkungen deiner Angehörigen und Freunde über deine Versuche, einen Regenbogen einzufangen. Mach dir innere Pläne davon, wie du kleine Dinge verwirklichen kannst, und bleib bei diesem Verfahren, bis du dich an deine großen Träume heranwagen kannst.

Freu dich, wenn dir kleine Erfolge gelingen, so wirst du später, wenn sich die großen Erfolge einstellen, ein Millionär des Glücks sein. Unglück kommt von Misserfolgen. Du kannst dir dauerhaftes Glück schaffen, wenn du dich auf deinem Weg zum Erfolg nicht beirren lässt.

Es gibt keine Hindernisse. Es gibt nur *Chancen.*

(Den folgenden Essay schrieb Yogananda, um Henry Ford in seinen Bemühungen zu unterstützen, in der Arbeitswelt von der Sechstagewoche zur Fünftagewoche überzugehen.)

Der Mensch ist ein spirituelles und ein materielles Wesen. Er muss sich durch spirituelle Disziplin innerlich entwickeln, aber er muss auch im materiellen Bereich funktionstüchtig sein und seine geschäftlichen Fähigkeiten ausbilden. In der Frühzeit waren alle geistigen Fähigkeiten des Menschen durch die Befriedigung seiner materiellen Bedürfnisse gebunden. Er verbrachte seine Zeit mit Jagen, Essen und Schlafen. Der moderne Mensch versucht mit Hilfe der Wissenschaft die Belange des materiellen Lebens zu bewältigen. Was die Menschen der Frühzeit aufs Geratewohl taten, versucht der moderne Mensch methodisch in den Griff zu bekommen. Und indirekt hat dieses Vorgehen auch seine inneren Vermögen gefördert.

Die Meister Indiens glauben an direkte Entwicklung der inneren Vermögen – sowohl der Willenskraft, die uns erlaubt, Versuchungen zu widerstehen, als auch der Bereitschaft, allen Bewohnern dieser Erde zu dienen.

Da Gott uns einen Körper gegeben hat, der Hunger empfinden kann und versorgt werden muss, brauchen wir Geld, und es sollte Geld sein, das wir uns mit der Befriedigung echter Bedürfnisse unserer Mitmenschen ehrlich verdienen. Das Wirtschaftsleben muss nicht materialistisch sein. Geschäftlicher Ehrgeiz kann durchaus mit Spiritualität in Einklang gebracht werden. Wirtschaft und Geschäftswelt sind doch eigentlich dazu da, den materiellen Bedürfnissen anderer in der bestmöglichen Weise zu dienen. Leute, die andere einfach nur ausnehmen wollen, um schnell reich zu werden, nennt man „Beutelschneider". Aber das Rennen machen am Ende doch Geschäfte, die sich ganz auf den Dienst am Kunden konzentrieren und beste Ware zu vernünftigen Preisen anbieten – und sie sind es auch, die die moralische Entwicklung der Welt am meisten fördern.

Ich werde nie diesen vorzüglichen Verkäufer vergessen, der mich in einem großen Bekleidungsgeschäft bediente, als ich auf der Suche nach einem Mantel war. Er sagte: „Sir, ich bin nicht darauf aus, Ihnen etwas zu verkaufen. Ich möchte einfach herausfinden, was genau Sie brauchen." Er wusste, dass ich mir einen Mantel für zweihundert Dollar hätte leisten können, aber er verkaufte mir schließlich einen für sechzig Dollar, der mir genau entsprach und wunderbar passte. Ich war natürlich froh, genau meinen Wunschmantel zu bekommen, und das auch noch zu einem vernünftigen Preis. Er gewann mich mit dieser Beratung als Dauerkunden. Hätte er mich zu dem teuren Mantel überredet, wäre ich nie wieder in dieses Geschäft gegangen.

Auf diese Art, immer in dem Gedanken, den echten Bedürfnissen der Mitmenschen zu dienen, sollten alle geschäftlichen Dinge mit spirituellem Inhalt gefüllt werden. Alles Geldverdienen sollte immer auch unter dem Gesichtspunkt stehen, dass man mit den so geschaffenen Mitteln Institutionen für den Dienst an der Allgemeinheit ins Leben rufen kann. Wenn jemand mit seinem Unternehmen vielen Menschen zu Wohlstand verhilft und sich selbst in die Lage bringt, anderen Hilfe zur Selbsthilfe leisten zu können, ist das gewiss ein Unterfangen, dem auch spirituelle Bedeutung zukommt. Wenn dagegen wohlhabende Eltern ihre Kinder einfach mit viel Geld ausstatten, wird deren Entwicklung eher gestört, sie kommen nicht in den Genuss eigenen Erfolgs und selbst erarbeiteten Glücks.

Ich stimme Mr. Henry Ford darin zu, dass die Menschen Hilfe zur Selbsthilfe benötigen, nicht jedoch demütigende und zur Unfreiheit erziehende Wohltätigkeit. Nur mit echtem und dem Ideal des Dienens verpflichtetem Ehrgeiz werden geschäftstüchtige Menschen auch spirituelle Gründe für ihre Suche nach materiellem Erfolg finden. Ohne diesen Ehrgeiz halten wir unsere Fähigkeiten klein und behindern den Fortschritt der Menschheit.

Dass Spiritualität bei den Völkern des Ostens höher im Kurs steht als hierzulande, liegt unter anderem daran, dass sie das Leben leichter nehmen, dass sie sich nicht zu Wirtschaftsfaktoren verbilden lassen und deshalb mehr Zeit für die Kontemplation haben. Natürlich gibt es dort Menschen, die sich eher ihrer Trägheit ergeben, anstatt nach spiritueller Verwirklichung zu streben, doch alles in allem haben die Menschen des Ostens ein waches spirituelles Bewusstsein.

Unsere Brüder im Westen haben sich dagegen eher um die materielle und intellektuelle Seite des Lebens gekümmert. Leider sind sie darin zu geschäftig, als dass sie die Früchte ihrer Arbeit wirklich genießen könnten oder allzu viel Frieden, Entspannung und Glück erfahren würden.

Viele sind zu Sklaven weniger wichtiger Dinge geworden und vergessen darüber das Allerwichtigste – das Glück der Verbundenheit mit Gott.

Es ist wichtig, dass sie dafür Zeit schaffen. Der Kampf um den Lebenserwerb mag aufgrund des kälteren Klimas für sie etwas aufwändiger sein, doch dafür verfügen sie über technische Hilfsmittel, die ihnen gegenüber dem Osten manchen Vorteil verschaffen. Sie gewinnen dadurch Zeit, die sie nicht mit Tanz und Amüsement verbringen müssen, sondern auch für ein tieferes Verständnis des Lebens nutzen können. Wirtschaft und Geld dienen dem Wohlergehen des Menschen, aber es muss nicht sein, dass man sich durch blinde Habgier aller Glückschancen beraubt.

Sechs Tage und Nächte eines maschinenähnlichen Daseins und nur ein Teil des siebten für so etwas wie spirituelle Kultur – das ist ein Missverhältnis. Die Woche muss gleichmäßiger auf Arbeit, Freizeit und spirituelle Kultur aufgeteilt werden: fünf Tage Gelderwerb, ein Tag Ruhe und Erholung, ein Tag für Innenschau und spirituelle Verwirklichung. Der Mensch braucht freie Zeit, in der er wieder zu sich selbst finden kann. Ein einziger Tag pro Woche, der Sonntag, reicht dafür nicht aus; an diesem Tag möchte man sich ausruhen und ist zu müde zum Meditieren.

Bei einer Fünftagewoche, wie sie von Henry Ford vorgeschlagen wird, hätten die Leute den Freitagabend und den gesamten Samstag und Sonntag, um einmal Abstand vom Lärm und Getümmel der Stadt zu bekommen, was auch ihre Lebenserwartung verbessern würde. Der Polizeichef von Chicago hat bekannt gegeben, dass die Ausschaltung des Stadtlärms die Menschen nervlich entscheidend entlasten und ihre Lebenserwartung um elf Jahre erhöhen würde. Fast jede amerikanische Familie kann sich heute ein Auto leisten, und damit können die Menschen am Wochenende die Stadt hinter sich lassen, um sich in friedvoller Zurückgezogenheit in der Natur zu erholen. So entkommen sie der Einseitigkeit des Kampfs als Krieger auf dem Feld der weltlichen Aktivitäten und kommen auch in den Genuss des Einsiedlerdaseins in den Wäldern.

Ich finde es äußerst notwendig, dass alle großen Firmen Henry Fords Fünftagewoche übernehmen. Alle wahrheitsliebenden Patrioten der realen Welt sollten sich hier zusammentun, damit die arbeitende Bevölkerung den Samstag als Freizeit und zur Entspannung bekommt und der Sonntag ein Tag wird, an dem man meditiert, die Gemeinschaft spiritueller Freunde sucht und das Allerhöchste erfahren kann: die göttliche Glückseligkeit im Innern.

Die Fünftagewoche ist sehr wünschenswert und notwendig, damit die Menschen mehr Zeit zum Naturgenuss haben, ihr Leben vereinfachen können, ihre wahren Bedürfnisse kennenlernen, ihren Kindern und Freunden näher sein können und vor allem *sich selbst* erkennen.

Wäre es nicht gut, die Kunst des richtigen Lebens zu erlernen?

Wir müssen bei den Kindern ebenso wie bei den Erwachsenen ansetzen. Erwachsene, die Selbstdisziplin besitzen, können dem formbaren Geist der Kinder jede gewünschte Gestalt geben. Bei Kindern lassen sich erwünschte Gewohnheiten ohne große Mühe ausbilden, weil sie – von einigen angeborenen Zügen abgesehen – noch ganz frei sind, sich darauf einzulassen. Erwachsene dagegen müssen falsche Gewohnheiten regelrecht bekämpfen, um neue und bessere an ihre Stelle setzen zu können. Bei Kindern wie bei Erwachsenen muss jedoch die Bildung von Gewohnheiten den Weg der spontanen Bereitschaft nehmen. Kluge Zeitwahl und die richtigen Methoden sind entscheidend, wenn Kinder zu einem ausgeglichenen Leben und Erwachsene zu einer ausgewogenen Gewichtung des Geldverdienens einerseits und der Suche nach spiritueller Erfüllung andererseits finden sollen.

Die Menschen geraten nur deshalb aus dem Gleichgewicht und leiden an Geldwahn und Geschäftswahn, weil sie nie Gelegenheit hatten, die zu einem ausgeglichenen Leben gehörenden Gewohnheiten auszubilden. Nicht unsere flüchtigen Gedanken oder glänzenden Ideen, sondern unsere alltäglichen Gewohnheiten machen unser Leben aus. Es gibt Geschäftsleute, die in aller Gelassenheit Millionen verdienen, während andere derart vom Profitdenken besetzt sind, dass sie an nichts anderes mehr denken können und erst dann aufwachen, wenn Schicksalsschläge eintreten, etwa als Krankheit oder als Verlust dessen, was sie als ihr Glück sahen.

Manche Psychologen sagen, das Verhalten der Erwachsenen sei im Grunde die Fortsetzung dessen, was sie im Alter von zwei bis zehn oder fünfzehn Jahren an Prägung erhalten haben.

Worte können zwar den Gedanken des guten Handelns im Geist der Kinder wecken, aber das ist auch alles. Darüber hinaus geht es jedoch um praktische Maßnahmen, die den mitgebrachten Anlagen und unbewussten Tendenzen angemessen sind. Meditation ist letztlich das Einzige, was solche Anlagen in die richtige Richtung führen kann. Aber schon Kindern muss die spirituelle Perspektive nahegebracht werden, dass es beim Geldverdienen immer um den Dienst an anderen geht.

Erwachsene haben es in der Hand, ihren Kindern wahre Hochherzigkeit zu vermitteln und sie in ein ausgeglichenes Leben zu führen. Solange Erwachsene ganz und gar bei ihrer einseitig materialistischen Ausrichtung bleiben, werden die besten Anlagen der Kinder unentwickelt bleiben.

Es wird Zeit, dass die Eltern aufwachen und sich zu einem Leben erziehen, in dem materielle und spirituelle Belange gleichermaßen verwirklicht sind – so retten sie die Kinder und ihre eigene Zukunft.

Ein ausgeglichenes Leben verlangt, dass die Menschen sich selbst erziehen und erkennen, dass geschäftlicher Erfolg einzig dazu da ist, sich selbst und andere glücklich zu machen. Ohne diese Einsicht produziert das Geschäftsleben nur Nervosität, Geldgier, unsoziales Verhalten, Geiz und mangelnde Achtung vor allem wirklich Guten. Leben ist nur durch den Dienst an anderen glückliches Leben.

Ich kenne viele prominente und intelligente Geschäftsleute, die im Innersten unzufrieden sind und sich eigentlich nur nach Gott und nach Weisheit sehnen, aber völlig ihren Gewohnheiten ausgeliefert sind und viel zu viele Eisen im Feuer haben. Sie opfern ihre höchsten Obliegenheiten – Gott, Wahrheit, Beschäftigung mit höheren Dingen und ihr Familienleben – der Jagd nach dem Geld und sinnlosen Unternehmungen.

Die tägliche Auseinandersetzung mit dem Leben bedarf ebenso einer guten Ausbildung wie das Kriegshandwerk. Wer nicht gelernt hat, ausgeglichen zu bleiben und seinen inneren Frieden zu wahren, wird bald von Sorgen und Rastlosigkeit zu Fall gebracht.

Nur wenige vergewissern sich, ob sie im Leben vorankommen oder eher Rückschritte machen. Wir sind als Menschen mit Vernunft, Einsicht und Verstand begabt und müssen sie klug nutzen, damit wir unterscheiden können, ob wir uns vorwärts oder rückwärts bewegen.

Wenn du immer wieder Misserfolge erlebst, lass dich nicht entmutigen. Sie sollen für deine materielle und spirituelle Entwicklung Anregung, aber nicht lähmendes Gift sein. In Zeiten des Rückschlags wird die Saat des Erfolgs gelegt. Sieh zu, dass du die Ursachen des Versagens beseitigst, und wirf dich mit verdoppelter Kraft auf das, was du erreichen möchtest.

Die Umstände mögen dir zusetzen, aber lass den Kopf nicht sinken. Sieh Rückschläge auf dem Weg zum Erfolg als Erfolge an und lass dich nie auf ein Gefühl der Niederlage ein. Mach immer noch einen weiteren Versuch, wie oft du auch gescheitert sein magst. Wenn du auf dem Weg zum Erfolg alles gegeben hast und nicht noch mehr tun kannst, steh auf jeden Fall immer noch die nächste Minute durch und die nächste. Wenn du alles gegeben hast und glaubst, nicht mehr kämpfen zu können, *dann* kämpfe.

Jeder neue Ansatz nach einem Fehlschlag muss gut geplant sein und braucht deine immer schärfer zugespitzte Aufmerksamkeit. Fang heute mit den Dingen an, die du dir nie zugetraut hast, eines nach dem anderen.

Anstehende Veränderungen lösen oft ungute Gefühle aus. Etwas Altes muss aufgegeben werden, und die Menschen befürchten, sie könnten plötzlich ohne alles dastehen. Man braucht Mut, um das Alte für etwas Neues aufzugeben. Es ist nicht einmal einfach, die vertrauten Schmerzen für ein unbekanntes und daher ungewisses Glück aufzugeben. Der Geist ist wie ein Karrenpferd, das Jahr für Jahr immer dieselbe Strecke getrottet ist und sich nicht ohne Weiteres zu einem neuen Wegverlauf überreden lässt. Der Geist gibt seine alten Gewohnheiten nicht so leicht auf, nicht einmal, wenn er weiß, dass sie nur Unannehmlichkeiten mit sich bringen.

Nimm Veränderungen zum Besseren mutig an. Der Geist kann keinen Frieden finden, solange der Hoffnung auf Besserung die Befürchtung entgegensteht, dass keine Besserung zu erreichen ist. Nimm also hin, dass Wandel das einzig Beständige im Leben ist. Ist unser Leben nicht ein endloser Wechsel von Gewinn und Verlust, Freude und Kummer, Hoffnung und Enttäuschung? Eben noch beuteln uns schwere Stürme, und schon hellen sich die grauen Wolken wieder auf und bekommen Silberränder, bis endlich die Sonne durchbricht.

Leben ist Veränderung.

Wahre stets deine innere Ruhe. Sei ausgeglichen. Verrichte deine Arbeit in gelassener Aktivität. Eines Tages wirst du sehen, dass du nicht mehr einfach den Gezeiten des Schicksals ausgeliefert bist. Deine Stärke kommt dann von innen, und du wirst deine Motivation nicht mehr aus äußeren Anreizen beziehen.

Als Jünger des spirituellen Weges misst du den Wechselfällen des Lebens keine große Bedeutung mehr bei. Du bist gleichmütig. Du setzt deine Schritte mutig. Du gehst in gelassenem Selbstvertrauen von einem Tag zum nächsten. Irgendwann wirst du die Schatten des schlechten Karma und alle Prüfungen und Schwierigkeiten hinter dir haben und endlich die Morgendämmerung der göttlichen Erfüllung erleben. In diesem höchsten Bewusstseinszustand weicht auch der letzte feine Dunsthauch von Unglück noch von dir.

Für die materielle Ernährung deiner Familie zu sorgen ist sehr wichtig, aber noch notwendiger ist ihre geistige Ernährung. Deshalb ist es so wichtig, dass du sie zur Entwicklung ihrer Seele an meditative Formen der Kontaktaufnahme mit Gott heranführst.

Tu jeden Tag etwas zur Erfüllung des göttlichen Plans, für den du hierher kamst. Die meisten Menschen sind unglücklich, weil sie es versäumen, ihre irdischen Pflichten auf die Erfordernisse des kosmischen Plans abzustimmen. Der kosmische Plan beinhaltet, dass deine Seele nur zufrieden sein kann, wenn dein Glück auch das Glück der Bedürftigen beinhaltet.

Tu also jeden Tag etwas für körperlich, geistig oder spirituell leidende Menschen, genauso, wie du dir selbst und deinen Angehörigen helfen würdest. Wenn du von heute an das nur Unglück erzeugende selbstsüchtige Leben hinter dir lässt und ein „wissenschaftliches" Leben nach den Gesetzen Gottes und des Geistes zu führen beginnst, dann weißt du, dass du deinen Part auf der Bühne des Lebens, wie klein er auch sein mag, nach der Regie des großen Lenkers aller Geschicke gut spielst. Vergiss nicht, dein Part, sei er auch klein, ist für den Erfolg des Dramas der Seelen auf der Bühne der Welt genauso wichtig wie die großen Rollen. Verdiene lieber wenig Geld und sei mit einem bescheidenen, deinen Idealen entsprechenden Leben zufrieden, als dass du Geld im Überfluss besitzt, aber deiner Sorgen nicht Herr wirst.

Schwere Prüfungen im Leben sind nicht gegen dich, sondern wollen deinen Sinn für Gott wecken. Nicht Gott schickt dir diese Prüfungen, du selbst bist es. Du hast nichts weiter zu tun, als dein Bewusstsein aus seinem Umfeld der Unwissenheit herauszuheben. Wenn du dich vor äußere Probleme gestellt siehst, hat das immer dein bewusstes oder unbewusstes Handeln irgendwo und irgendwann in der Vergangenheit zum Hintergrund. Wir haben uns diese Dinge selbst zuzuschreiben, aber sie dürfen kein Anlass zu Schuld- oder Minderwertigkeitsgefühlen sein. Sag dir: „Ich weiß, dass Du kommst. Ich werde den Silberstreif erblicken, und in dieser tobenden See der Prüfungen bist Du der Polarstern meiner haltlos wirbelnden Gedanken." Wovor fürchtest du dich? Erinnere dich, dass du nicht einfach ein Mann oder eine Frau bist. Du bist nicht das, was du zu sein glaubst. Du bist ein unsterbliches Wesen.

Deine schlimmsten Feinde sind die Gewohnheiten. Wie Jesus seine Liebe noch unter der schlimmsten Prüfung bekunden konnte, als er sagte: „Vater, vergib ihnen, denn sie wissen nicht, was sie tun", so kannst du deinen eigenen Prüfungen ihr rechtes Maß geben und sagen: „Meine Seele wird zu neuem Leben erweckt. Ich kann allen Prüfungen standhalten, denn ich bin ein Kind Gottes." So wachsen die Kräfte deines Geistes, und dein Bewusstsein wird weit genug, um den gesamten Ozean der Erkenntnis zu fassen. Doch auch dein immer hungriges Begehren muss sein

Recht haben und braucht ein geeignetes Umfeld und geeignete Betätigung. Dann lebst du in Glück und Fülle.

Die meisten Menschen stellen sich vor, dass sie erst einmal für ihre materielle Ausstattung sorgen und dann an Gott denken können. Aber denk lieber zuerst an Gott, denn Er ist das, was du brauchst. Wenn du zu diesem Bewusstsein kommst, dann erst hast du wahres Glück. Du musst Gott immer bei dir haben. Hast du das große Einssein mit Gott, liegt dir die Welt mit all ihrem Reichtum zu Füßen. Vergiss also nie, dass Gott es ist, der dich mit allem versorgt.

Ein zwiespältiges Leben ist ein unspirituelles Leben. Wenn dein gesamtes Bewusstsein auf Gott ausgerichtet ist, auf die Stille, dann bist du bei Gott, einerlei was für Fehler du hast. Wenn du deinen Pflichten im Leben fröhlich nachkommst und sie dein Glück nicht stören können, spricht man von „spirituellem Glück". Du bist dann mit allem, was du bist, auf den Ursprung ausgerichtet, auf Gott, Freiheit, frische Luft, Glück und einfaches Leben. Das sind die höchsten Lehren der Meister Indiens. Sie haben ihre Schüler immer zu einem einfachen Leben und hochfliegenden Gedanken angehalten.

Du lebst unmittelbar aus der Kraft Gottes. Wenn Gott plötzlich das Klima in diesem Land ändern würde, was dann? Wie würdet ihr leben? Wo kämen eure Nahrungsmittel her? Nun, erinnert euch einfach daran, dass Gott der Träger und Erhalter des Lebens ist, das er euch gab. Er hat dieses Leben so erschaffen, dass es von Nahrungsmitteln abhängig ist, und trotzdem ist *Er* der unmittelbare Erhalter. Von Ihm kommt alles, und wer die Verbundenheit mit Ihm verliert, wird zwangsläufig leiden.

Gott zu vergessen und sich mit Luxus zu umgeben ist – nun, gottlos. „Ich besitze wenig, aber ich habe alles, ich habe Gott." Yogis wissen aus Erfahrung, dass Gott niemals im Außen zu finden ist. Geh tief in deine Seele, in den Tempel Gottes, dann kannst du sagen: „Niemand in der ganzen Welt sorgt so für meine Gesundheit, meine Fülle und mein Glück wie mein Vater. Er ist immer bei mir."

Bekräftige dir jeden Tag: „Herr, Du bist mein Erhalter, manifestiere Deine Fülle durch mich. Vater, Du bist mein Reichtum, ich bin reich. Dir gehören alle Dinge. Ich bin Dein Kind. Mein ist, was Dein ist." Sag es dir, bevor du morgens zur Arbeit gehst. Vergiss nie, dass du uneingeschränkt nach Gottes Gesetz lebst und Er dir den Weg zeigen wird. Wenn Menschen dir den Weg zeigen, lassen sie dich anschließend allein. Gottes Weg führt dich zu Glück und Gedeihen.

Wenn wir dahin kommen, dass wir sagen können: „Was mein ist, ist Dein", wird alles viel besser sein. In diesem Zeitalter der Selbstsucht kann es sehr schwer sein, es zu etwas zu bringen. Der Egoismus muss verschwinden, und das kann nur geschehen, wenn alle anfangen, uneigennützig zu denken. Geh mit gutem Beispiel voran, und andere werden von dir lernen.

Geld ist notwendig, aber noch viel wichtiger ist Glück. Geld kann dem Glück dienen, aber Glück liegt nicht im Geldverdienen. Wer sein Glück ausschließlich im Geldverdienen sucht, wird keine echte Zufriedenheit finden, denn wenn das Glück einmal durch allzu viel falsches Handeln verloren gegangen ist, kann kein Geld der Welt es zurückkaufen.

Menschen, die im Geld schwimmen, aber es nicht in Glück für sich selbst und andere umzusetzen verstehen, leiden ewigen Glückshunger. Viele vergessen, dass Geld nur ein Mittel ist, das dem Glück dienen soll. Wie unklug, das Mittel zum Selbstzweck zu machen und das eigentliche Ziel zu vergessen! Es ist ungefähr so, als wäre man unterwegs, aber wüsste nicht mehr, wohin. Einfach nur Geld und immer mehr Geld verdienen, ohne es in Glück für sich und andere umzusetzen, ist sinnlos.

Viele machen den Fehler, dass sie zuerst dem Geld nachrennen, anstatt sich gleich auf die Suche nach Glück zu machen. Aber wer sich unter Sorgen und Zweifeln ans Geldverdienen macht, wird nicht nur wenig Erfolg haben, sondern eher noch verängstigter und unglücklicher werden. Sorge also zuerst für ein fröhliches Gemüt, dann kannst du Geld verdienen gehen. In dieser Reihenfolge wirst du Erfolg haben und dein Glück finden. Glückliche Menschen machen andere glücklich, denn Taten sprechen eine deutlichere Sprache als Worte.

Manche sagen, Glück sei nur im Gefühl der Zufriedenheit zu finden, während andere meinen, Glück sei ein Haufen Geld, von dem man sich reichhaltiges Mobiliar, Yachten, Grundbesitz und Autos leisten könne. Beide Ansichten sind einseitig und daher unvollständig.

Der in einer Höhle sitzende Asket findet vielleicht inneren Frieden und Zufriedenheit, aber auch er benötigt Nahrung, die irgendwo produziert worden sein muss. Er braucht irgendetwas an Kleidung, für die Tuch gewebt worden sein muss und die irgendwo angefertigt wurde. Kein Asket der Welt kann *ausschließlich* geistiges Glück finden und gänzlich ohne materielle Dinge auskommen.

Aber ganz gewiss liegt Glück auch nicht im ständigen Erwerb all der Dinge, die uns vorschweben. Glück ist nicht in bloßem Konsum zu finden, denn es besteht in erster Linie in einer inneren Haltung und ist durch äußere Faktoren lediglich mitbedingt.

Es hat Märtyrer gegeben, die lieber auf ihr Leben als auf ihre geistige Gewissheit verzichteten. Solche Menschen fanden das Glück im Innern und brauchten nichts Äußeres. Sehr selten findet man dagegen Glück bei Menschen, die ihr Glück einzig im Erwerb von immer mehr materiellen Gütern suchen.

Wer immer neue Wünsche produziert und zu erfüllen trachtet, kann nicht glücklich sein, da es ja immer etwas geben wird, was er noch nicht hat, aber haben möchte. Er läuft dem Glück nach, aber es bleibt immer gleich weit weg

– wie bei einem Hund, dem man einen Stab so auf den Rücken bindet, dass er ein Stück über seinen Kopf hinausragt, und an dessen Ende man eine Wurst bindet. Eifrig hechelt er dieser Wurst nach, aber er bekommt sie nicht.

Das Verlangen nach Glück erfüllt sich nicht, wenn man vergisst, dass Glück vor allem ein innerer Zustand ist und nur zu einem geringeren Teil in der Versorgung mit den notwendigen Dingen des äußeren Lebens liegt.

Wer nur auf die Lust am Materiellen aus ist, verzichtet auf die göttlichen Freuden, die sich hinter ihnen verbergen. Wer dagegen kosmische Freude in der Meditation findet, haftet nicht mehr an den Annehmlichkeiten des materiellen Lebens. Wer auf materielles Wohlleben verzichtet, um das Christusbewusstsein in sich zu suchen, wird die immerwährende Freude finden, die sich im materiellen Leben verbirgt.

Wenn ein Suchender auf alle körperlichen Annehmlichkeiten verzichtet, weil er auf die immer neue Freude der Ekstase in der Meditation aus ist, wird er eines Tages erleben, dass ihm aller materieller Wohlstand und alle Freuden des Erdenlebens einfach zufallen. Wer irdisches Glück für das Glück in Gott aufgibt, wird auch das irdische Glück finden. Wer jedoch ausschließlich materielles Glück sucht, wird es verlieren, weil es seiner Natur nach kurzlebig ist.

Segne mich, damit ich Dich in allem freudigen Tun widergespiegelt sehe. Mögest Du mich stets betrachten und aufmuntern, während ich meinen Pflichten nachgehe. Besprenge all mein Tun – Wachen, Schlafen, Träumen – mit Deiner Gegenwart.

Lehre mich, Vater, jede Arbeit zu Deiner Freude zu verrichten. Lass mich Dich als den Antrieb meines Lebens spüren, der meine Knochen, Nerven und Muskeln tun lässt, was sie zu tun haben. Lehre mich, Deine Kraft in jedem Herzschlag, jedem Atemzug, jeder Lebensregung zu spüren.

KAPITEL 8
INNERE FREIHEIT UND FREUDE

(Swami Kriyananda berichtet:)

Jemand fragte: „Wenn ich keine Wünsche mehr habe, verliere ich dann nicht jeden Antrieb und werde so etwas wie ein Automat?“

„So denken viele“, erwiderte Yogananda. „Sie meinen, sie würden dann kein Interesse mehr am Leben haben. Aber so ist es ganz und gar nicht. Du wirst vielmehr feststellen, dass das Leben dann ungemein interessant wird.

Betrachten wir die negative Seite des Wünschens. Es hält einen in ständiger Angst. Du denkst: ‚Was, wenn dies passiert? Was, wenn jenes nicht eintritt?‘ Du lebst in ständigem Bangen vor der Zukunft oder bedauerst endlos Dinge, die längst vorbei sind.

Das Nicht-Haften erlaubt dir dagegen ein Leben in Freiheit und Glück. Wenn du in der Gegenwart glücklich sein kannst, hast du Gott.

Wunschlosigkeit macht dich also nicht antriebslos. Ganz im Gegenteil! Je mehr du in Gott lebst, desto tiefer die Freude, die du erfährst, wenn du ihm dienst.“

Wenn du Weisheit und ungetrübtes Glück möchtest, sieh zu, dass dein innerstes Fühlen nicht besetzt wird. Lass dich nicht zu sehr auf das Auf und Ab des Lebens ein. Wenn dir unverhofft etwas Gutes zuteilwird, spring nicht gleich kopfüber in den reißenden Strom der Begeisterung. Und wenn du keinen Ausweg aus deinen derzeitigen Schwierigkeiten erkennen kannst, widerstehe dem Impuls, den Kopf hängen zu lassen und dich der Verzweiflung zu ergeben.

Dem unbedacht Handelnden kann die Welt als eine Wildnis voller Gefahren erscheinen. Gelegentliche Erfolge, eigene oder fremde, locken den unerfahrenen Wanderer immer wieder auf Pfade, mit denen er Hoffnungen verbindet. Aber ach, wie oft enden sie irgendwo im Sand – und wieder hat sich ein Traum als Seifenblase erwiesen. Erfolge und Misserfolge wechseln sich ab wie Höhen und Täler im Bergland.

Für ein glückliches, gedeihliches Leben sind nicht viele Regeln zu beachten, und sie sind nicht schwer zu befolgen. Sie müssen jedoch klar erfasst sein, und das wird durch tägliche Anwendung möglich.

Mühsal und Kampf gehören nun einmal zum Leben auf dieser Erde. Aber sie sind eigentlich ein Segen und kein Unglück, denn sie spiegeln uns sehr genau, wie es um unsere innere Entwicklung steht. Unser in der Meditation geschmiedeter innerer Frieden wird von der rauen Wirklichkeit unserer Schwierigkeiten gefeilt und geschliffen, und so bekommen wir den klaren Blick, der alle Verblendung des Herzens durchschaut. Und schließlich erreichen wir diesen seligen Zustand, in dem der Schimmer unseres Friedens stets um uns ist und uns bei allem, was wir tun, beschützt.

Gleichmut ist die wichtigste Voraussetzung für dauerhaftes Glück. Bleib jederzeit gelassen in dir gesammelt, in deinem Selbst. Wie die Sandburg eines Kindes den auflaufenden Wellen nicht standhalten kann, so bricht der rastlose

Verstand, dem es an Willenskraft und Beharrlichkeit fehlt, unter den Wogen der wechselnden Umstände ein.

Ein Diamant behält auch in der wildesten Brandung seine Festigkeit und Klarheit. Wo innerer Frieden ist und das Bewusstsein sich in tiefer Gelassenheit zu einem Kristall formt, können auch die Stürme großer Herausforderungen den Gleichmut nicht stören.

„Lass alles, was von selbst kommt, kommen, wie es kommt." Wenn du nach diesen Worten leben kannst, hast du eine wunderbare Regel für dein Leben.

Das Leben wird dir einiges Auf und Ab bescheren. Wenn du jede Bewegung der sich ändernden Umstände mitmachst, wirst du kaum die Gelassenheit finden, die deine spirituelle Entwicklung als Grundlage braucht. Achte also darauf, dass du nicht emotional reagierst. Steh über deinen Vorlieben und Abneigungen.

Mach es dir zur Regel, unter allen Umständen *ausgeglichen und fröhlich* zu bleiben, dann hast du etwas, was deinem Leben Halt gibt und dich sicher durch alle Stürme und Prüfungen führt.

Lass dich von nichts Äußerem zu Hochstimmung oder Trübsinn hinreißen. Betrachte das flüchtige Schauspiel des Lebens mit gelassenem Geist. Die Höhen und Tiefen des

Lebens sind nichts als Wellen auf dem Meer, ewig wechselnd. Lass dich nicht mit deinen Gefühlen auf sie ein, bleib in gelassener, heiterer Ruhe in deinem inneren Zentrum in der Wirbelsäule.

Allzu starke Gefühlsregungen positiver oder negativer Art hinterlassen etwas Unbefriedigendes. Glück liegt nicht in den Extremen, sondern in dem Punkt der Ruhe dazwischen.

Lass dich nicht von deinem Besitz besitzen, und öffne die Stille deines Herzens nicht den nebensächlichen Dingen des Lebens mit ihren Scharen von Sorgen und Nöten.

Die Woge, die sich aus dem Busen des Meeres erhebt, bleibt doch ein Teil des Meeres. Dein Körper ist Gottes Körper. Wenn Er ihm Wohlergehen schenkt, so sei es. Wenn Er ihn unpässlich sein lässt, so sei es. Bleib du nur unbefangen. Wenn du gesund bist, aber an deiner Gesundheit haftest, wirst du immer fürchten, du könntest sie verlieren. Und solltest du dann einmal krank sein, wird der Kummer um die verlorene Gesundheit dich noch mehr kränken.

Das größte Problem des Menschen ist die Ichbezogenheit, das Bewusstsein seiner Individualität. Er nimmt alles, was ihm widerfährt, persönlich. Weshalb so betroffen sein? Du bist nicht dieser Körper. Du bist *Er*! Alles ist Geist.

Objektive Gegebenheiten sind immer neutral. Erst durch deine Reaktion auf sie erscheinen sie dir glücklich oder unglücklich.

Arbeite an dir. Arbeite an deinen Reaktionen auf äußere Umstände. Die Wogen der Reaktionen im Herzen zu glätten – das ist die Essenz des Yoga. Sorge dafür, dass du immer glücklich bleibst. Du wirst die äußeren Dinge nie so steuern können, dass sie dir immer angenehm sind.

Ändere dich selbst.

Man braucht nicht viel Weisheit, um vom Leben ernüchtert zu sein. Der weltmüde Metaphysiker hält sich etwas darauf zugute, dass er „über allem steht“. Er trägt die Nase sehr hoch, und wenn von Schönem auch nur die Rede ist, rümpft er sie zusätzlich noch. Sicher, das Leben ist voller Widersinn. Irdische Erfüllung ist kurzlebig. Das zu erkennen ist freilich noch kein sicheres Zeichen von Tiefe. Das Neinsagen allein schafft nichts Wertvolles.

Der Weisheit kann man sich nur in einer positiven Haltung nähern, gewiss nicht durch Weltverachtung. Nutze lieber die Freude, die in äußeren Erfahrungen liegen kann, um sie deiner Seele mitzuteilen. Lass dich von äußerem Glück an den Himmel in dir erinnern. Wenn du schöne äußere Sinnesreize ganz in dich einlässt, vergrößerst du die Freude an ihrem wahren Ursprung, und das schenkt dir wiederum mehr Freude im äußeren Erleben.

Weltverachtung, das griesgrämige Gegenstück des Überschwangs, heilt die Leiden des Lebens nicht. Sie fördert eine Haltung der Gleichgültigkeit, die wiederum spirituelle Trägheit nach sich zieht.

Brüte also nicht über den Enttäuschungen des Lebens, aber weide dich auch nicht an seinen kurzlebigen Siegen. Vertraue nicht auf Reichtum, aber verschmähe auch nicht die reiche Fülle des Lebens. Pflege deine hohen spirituellen Anlagen und achte darauf, dass du sie nicht an wertlose Bestrebungen verschwendest.

Sieh die unwandelbare Schönheit Gottes in allem Wandel, in allem Guten. Suche vor allem das, was die Weisen haben: Gottesbewusstsein, Unsterblichkeit in Ihm. Entlasse alles Haften, selbst das allergeringste, ins Grenzenlose. Die Welt mag entrüstet aufschreien oder im Taumel falscher Freude hüpfen – was heißt das schon? Alles zieht einfach vorbei, unterhaltsam und bunt, aber eben doch nur ein endloser Zug, eine Parade.

KAPITEL 9

GOTT ZU FINDEN IST DAS GRÖSSTE GLÜCK

Gott zu finden ist Sinn und Zweck des menschlichen Lebens. Nur deswegen existieren wir. Arbeit, Freunde, materielle Interessen – all das ist für sich selbst genommen nichts. All das kann dir kein wahres Glück verschaffen, einfach deshalb, weil nichts davon in sich selbst vollständig ist. Gott allein umfasst alles.

Deshalb sagte Jesus: „Trachtet am ersten nach dem Reich Gottes und nach seiner Gerechtigkeit, so wird euch solches alles zufallen" (Mt 6,33). Sucht zuerst den Geber aller Gaben, und ihr werdet von Ihm alles Geringere geschenkt bekommen.

Freude gehört zum Wesen Gottes. Göttliche Freude ist wie Millionen irdische Freuden, zu einer einzigen geballt. Die Suche nach irdischem Glück, das ist so, als würdest du draußen in der Sonne sitzen und dich nach einer Kerze umsehen. Wir sind immer und überall in göttliche Freude gehüllt, und doch sucht ihr euer Glück in den Dingen. Und vielleicht findet ihr einmal etwas, das die Schmerzen des Körpers oder der Seele lindert. Aber göttliche Freude ist die strahlende Wirklichkeit. Irdische Freuden sind darin nicht mehr als Schatten.

So bete zu Gott:

„Unendlich Geliebter, ich weiß, dass Du näher bist als

die Worte, die ich bete, näher als meine nächsten Gedanken. Möge ich hinter jeder Beunruhigung Deine Liebe zu mir, Deine Sorgen um mich spüren. Möge ich jenseits meines Bewusstseins fühlen, wie ich von Deinem getragen und geleitet werde. Möge ich in meiner Liebe zu Dir immer tiefer Deiner Liebe gewahr werden."

Wenn du immer wieder aufrichtig und von ganzem Herzen so zu Ihm betest, wirst du Seine Gegenwart plötzlich als eine große Freude im Herzen empfinden. In dieser Woge der Freude wirst du wissen, dass Er mit dir und ganz dein ist.

Gott zu erkennen ist der eigentliche Sinn des Lebens. Weltliche Versuchungen werden dir gegeben, damit du zu unterscheiden lernst: Wähle ich sinnliche Freuden oder Gott? Freuden wirken verlockend, aber wenn du dich ihnen ergibst, verfängst du dich früher oder später in einem Gewirr von Ärgernissen und Problemen.

Wer den Verlockungen der Sinnenfreuden erliegt, wird seine Gesundheit, seinen inneren Frieden und schließlich sein Glück verlieren. Wenn du dagegen Gott erkennst, winkt dir grenzenlose Freude.

Jeder Mensch wird diese größte aller Lektionen des Lebens irgendwann zu lernen haben.

Alle Leiden erinnern uns daran, dass diese Welt nicht unsere Heimat ist. Wenn sie es wäre, würde sich dann jemand nach einer besseren Welt sehnen? Ist es nicht erstaunlich, wie wenige in einer so unvollkommenen Welt Gott suchen? Unter Tausenden vielleicht einer, sagt Krishna in der *Bhagavad-Gita.*

Das Gesetz des Lebens lautet: Je weniger du deiner inneren Wahrheit gemäß lebst, desto mehr leidest du; aber je besser du ihr entsprichst, desto mehr wird immerwährendes Glück deine Erfahrung sein. Nichts kann dich dann noch erschüttern, mag der Körper dahinsiechen, mögen die Menschen sich über dich lustig machen oder dir nachstellen. In allen Wechselfällen des Lebens bist du glückselig auf das wahre Selbst ausgerichtet.

„Flieht mein Meer des Elends und der Leiden!", sagt Krishna. Mit Gott ist das Leben ein Bankett des Glücks, ohne Ihn ein Abgrund der Nöte, Schmerzen und Enttäuschungen.

Tiefe Meditation hält dein Bewusstsein stets bei Gott, ohne Meditation bleibt es bei den Sinnen. Wenn du gerade nicht meditierst und trotzdem ständig die Nähe Gottes fühlst, dürfte es sich um die segensreichen Auswirkungen deiner früheren Meditation handeln. Wenn du die Freude und Begeisterung der Meditation den ganzen Tag hindurch aufrechterhalten kannst, meditierst du eigentlich weiter. Du haftest nicht an deinen Sinnen. Wenn du Gott während der Meditation und überall sonst fühlst, hast du erreicht, was zu erreichen war. So erleben es die Menschen, die den Pfad der Meditation gehen. Sie haften nicht mehr. Sie tun alles als Teil ihres Auftrags und haften an nichts.

Manchmal erfährt eine Seele die tiefe Freude der Meditation und sucht Gott dann Tag und Nacht. Gott mag antworten oder nicht, dieser Mensch sucht weiter und weiter, bis er Gott plötzlich gefunden hat. Wir müssen uns rückhaltlos einsetzen und gezielt vorgehen, wenn wir das Grenzenlose finden wollen. Niemand kann dir Selbstverwirklichung oder Erleuchtung schenken. Du musst dich selbst darum bemühen. Alle spirituellen Lehrer der Welt zusammen können dir nicht zum Heil verhelfen, wenn du dich nicht durch eigenes Bemühen empfänglich dafür machst.

Freude und Gott sind eins. Freude wirst du zuerst brauchen, Heilung der Unwissenheit der Seele. Denk an den Geist, denn den Körper wirst du irgendwann ablegen.

Affirmationen sind besser als Gebete der üblichen Art. Erbitte von Gott keine Gunstbezeigungen. Er wird kein Gesetz des Universums brechen, nur weil du es möchtest. Aber wenn du Anspruch auf das erhebst, was dir als Sein Kind zusteht, wird er dich hören. Ein langes Gebet mit Wörtern, Wörtern, Wörtern sagt am Ende doch nichts, weil dein Geist eher abschweift. Bei einer Affirmation sprichst du die Worte und empfindest zugleich ihre Bedeutung tief und bewusst – dann dringt der Gedanke tief ins Bewusstsein und von da aus ins Unterbewusstsein und schließlich ins Überbewusstsein. Vom Überbewusstsein aus manifestiert er sich.

Sprich deine Affirmation stets mit wacher Intelligenz und tiefer Hingabe, bis sie bewusst diesen Weg durch das Unterbewusstsein ins Überbewusstsein nimmt. Du kannst dir keine tiefere Heilung wünschen als die Heilung von deiner Unwissenheit, damit du nie wieder in dein altes Leben zurückfällst. Das Beste und Höchste, was du in diesem Leben erringen kannst, ist dieses unaufhörliche Glück, das wir auch Frieden oder Seligkeit nennen.

Wenn jemand einen Diamanten verloren hat, und seine Befriedigung dann in einem Häuflein Scherben zu finden versucht, die in der Sonne glitzern, wird er zwangsläufig enttäuscht. Das Diamantene ist dort nicht zu finden. Er sucht es an der falschen Stelle und wird erst glücklich sein, wenn er an der richtigen Stelle sucht und den Diamanten findet. So versucht mancher sein Glück im momentanen Glitzern sinnlicher Freuden zu finden, aber irgendwann hat er genug davon, fühlt sich übersättigt und beginnt Frieden und Freude in der Seele zu suchen.

Ein Narr, wer Glück in materiellen Dingen sucht. Sie können es nicht bieten, und doch sterben Millionen von

Menschen enttäuscht, weil sie in materiellen Dingen die Geborgenheit suchen, die nur in Gott ist.

Die Seele ist individualisierter Geist, und wo ihr Gelegenheit gegeben wird, sich zu entfalten, kann sie alle Erfüllung und Befriedigung des Geistes schaffen. Wünsche entstehen durch zu viel Kontakt mit der materiellen Seite des Lebens.

Schütze deine Seele vor den inneren Turbulenzen durch den endlosen Reigen von Wünschen, die doch nur Leid erzeugen. Lerne, dich über dieses zügellose, hinterhältige Begehren hinwegzusetzen. Erkenne, dass du all die Dinge, die Unheil mit sich bringen, nicht brauchst, denn wenn du in dir selbst suchst und forschst, wirst du dauerhaftes Glück und wahren Frieden finden. Du wirst ein „Glücksmilliardär".

Glückseligkeit ist die Natur der Seele – eine immer neue, stets sich wandelnde Freude, die immer bei dir bleibt, auch wenn du körperlichen Leiden ausgesetzt bist oder stirbst. Wunschlosigkeit ist nicht Verneinung; du erlangst vielmehr die Selbstbeherrschung, die du brauchst, um dir die in deiner Seele liegende All-Erfüllung neu zu erschließen.

Gib deiner Seele zuerst durch Meditation Gelegenheit, diesen Zustand herzustellen. Du wirst immer mehr in ihm leben und darin schließlich auch all das erfüllen können, was dein Körper, dein Geist und die Welt brauchen. Du musst deinen Vorhaben nicht entsagen und ein Weltverneiner werden. Im Gegenteil, lass dich von immerwährender

Freude, die dein wahres Wesen ist, zur Verwirklichung all deiner hochherzigen Vorhaben führen. Freu dich an all dem in der Freude Gottes. Geh deinen realen Pflichten in göttlicher Freude nach.

Du bist unsterblich und unvergängliche Freude ist dir gegeben. Vergiss das nie bei deinem Spiel im wandelbaren sterblichen Leben. Diese Welt ist nur eine Bühne, auf der du deine Rolle unter göttlicher Regie spielst. Spiel gut, sei es eine tragische oder eine komische Rolle, und vergiss dabei nie, dass dein wahres Wesen ewige Glückseligkeit und sonst nichts ist. Das eine, das dich nie verlassen wird, ist die Freude deiner Seele.

Lerne also, im ruhigen Meer der unwandelbaren Glückseligkeit zu schwimmen, bevor du in den Mahlstrom des materiellen Lebens springst, in dem dich Schmerz, Lust, Gleichgültiges und ein trügerischer, kurzzeitiger Frieden erwarten.

Ernsthafte Meditationspraxis bringt tiefe Glückseligkeit mit sich. Und dieses immer neue Glück ist nicht Produkt deiner Wünsche, sondern manifestiert sich auf das „Zauberwort“ tiefer innerer Ruhe hin. Lass stets diese heitere Gelassenheit walten. Wenn die Glückseligkeit über dich kommt, wirst du sie als etwas Bewusstes, Intelligentes und Universales erkennen, an das du dich wenden kannst, und nicht als einen abstrakten Geisteszustand. Du wirst die Gewissheit haben, dass Gott ewige, ewig bewusste und ewig neue Glückseligkeit ist.

Sieh zu, dass deine Erwartungen stets positiv bleiben. Strebe danach, immer glücklich zu sein. Lass dich nicht von deinem Besitz besitzen, und lass nicht zu, dass die Nebensächlichkeiten des weltlichen Lebens mit ihren Scharen von Sorgen in die Stille deines Herzens einbrechen. Trinke häufig vom Nektar des inneren Friedens, der dir von Engelhänden liebevoll gereicht wird – so gewinnst du die Kraft, dich über Ablenkungen zu erheben, während du still der Selbstverwirklichung entgegengehst.

Die Weisen verlieren, selbst wenn sie mit materiellen Gütern reich gesegnet sind, nie die Wahrheit aus den Augen, dass alle Dinge vergänglich sind.

Narren suchen in dieser unvollkommenen Welt Erfüllung und bekommen niemals mehr als kurzlebige Befriedigung. Auch die schönsten und zartesten Träume von irdischem Glück gehen den Weg aller Träume und enden in Ernüchterung.

Den Weisen ist diese Flüchtigkeit zutiefst bewusst. Sie vergeuden ihre Zeit nicht mit dem Bau von Luftschlössern, mit müßigen Erwartungen. Sie üben das Nicht-Haften an allen irdischen Erfahrungen. Wenn sie sterben, finden sie in Gott die vollendete Erfüllung.

Warum schläfst du immer noch? Lass keine Ausrede gelten, du hättest zu viel zu tun, als dass du an Gott denken könntest. Wenn der Tod kommt, musst du ja doch alle deine Vorhaben zurücklassen. Könntest du nicht wenigstens die unnützen Dinge und müßigen Gedanken jetzt schon weglassen, um Zeit für Gott zu haben?

Die Welt nimmt dich so sehr in Anspruch, wie du sie lässt, sie bindet dich an wertlose Gewohnheiten und nutzloses Tun. Vielleicht wünschst du dir, anders zu sein, aber dann bleibst du doch Tag für Tag ein Gefangener, an Händen und Füßen mit dem Strick deiner Gewohnheiten gefesselt. Du allein bist verantwortlich für dich; die Welt wird nicht einstehen für das, was du tust oder nicht tust. Sag dir also am besten jeden Tag: „Mein allerwichtigstes Vorhaben ist Gott."

Essen, etwas tun, sterben – wenn das alles ist, muss man dazu nicht Mensch sein. Setz die kostbare Gabe deiner Vernunft ein und suche Ihn. Du musst dazu nicht in den Wald gehen, wo wieder andere Versuchungen und Ablenkungen lauern und dich übermannen wollen. Geh deiner Beschäftigung dort nach, wohin das Karma dich gestellt hat, damit du deinen Mitmenschen dienen und so dein Heil erwirken kannst.

Du findest Gott in der Zurückgezogenheit deines Zimmers, wenn du dich am Morgen und dann wieder am Abend vor dem Schlafengehen zur Meditation sammelst. Falte die Hände und sprich innerlich die Worte: „Vater, Du bist allwissend. Du kennst jeden meiner Gedanken. Sprich mit mir. Ich möchte Deine Stimme hören." Wiederhole das immer wieder, bis du es fühlst. Lass das Gefühl wachsen, bemüh dich darum. Wiederhole das Gebet so lange, bis dein Herz vor Liebe und Sehnsucht schwillt und du deutlich spürst, dass du Antwort bekommst.

Immer wenn dir ein paar Minuten für dich bleiben, sprichst du mit allem Nachdruck: „Vater, komm zu mir, offenbare mir Deine allwissende Gegenwart.“ Niemand sollte von deinem heimlichen Gebet wissen. Und denk daran, dass du Gott nicht erfahren kannst, wenn dich gleichzeitig andere Wünsche beschäftigen. „Du sollst keine anderen Götter haben neben Mir“ – diese Worte bedeuten, dass Gott sich dir nur zeigen kann, wenn du mit solcher Kraft an ihn denkst, dass für ablenkende Gedanken überhaupt kein Platz bleibt.

Wenn du jemandem deine Liebe bekunden möchtest, liest du ihm dazu nicht aus einem Gedichtband vor. Deine Liebe findet ihre eigenen Worte, sie entströmen spontan dem erweckten Herzen. Bete also in deinen eigenen Worten der Liebe und des Verlangens und nicht in den vorgefertigten Worten anderer zu Gott. Bete mit Inbrunst und Beharrlichkeit, bis Er dir antwortet.

Lass dich von heute an bei allem von deinem Verlangen nach Gott leiten. Bemühe dich um Seine Freundschaft, aber vernachlässige dabei nicht deine weltlichen Pflichten, sondern sag dir, dass du deinen Aufgaben für Ihn nachkommst und Ihn darin finden wirst.

ÜBER DEN AUTOR

Paramhansa Yogananda, 1893 in Indien geboren, wurde von Jugend an dafür ausgebildet, die uralte indische Wissenschaft der Selbstverwirklichung in den Westen zu bringen. 1920 übersiedelte er in die Vereinigten Staaten und begann das ins Werk zu setzen, was eine weltweite, Millionen von Menschen erfassende Bewegung werden sollte. Amerika hungerte geradezu nach den spirituellen Lehren Indiens und der befreienden Kunst des Yoga.

1946 veröffentliche er die *Autobiographie eines Yogi*, die sich zu einem spirituellen Klassiker entwickelte und eines der beliebtesten Bücher des Jahrhunderts wurde. Darüber hinaus richtete er Zentren für eine weltweite Verbreitung seines Ansatzes ein, verfasste etliche weitere Bücher, arbeitete Kurse aus, hielt Vorträge in den meisten größeren Städten der Vereinigten Staaten, komponierte, schrieb Gedichte und bildete seine Schüler aus. Er wurde von Calvin Coolidge ins Weiße Haus eingeladen und unterwies Mahatma Gandhi in seiner höchsten Meditationsform, dem Kriya-Yoga.

Yoganandas Botschaft an den Westen betont die Einheit aller Religionen und die Verbindung spiritueller Hingabe mit der Anwendung wissenschaftlich fundierter Meditationstechniken.

Weitere Titel aus dem Verlag Via Nova:

Vollkommene Gesundheit und Vitalität

Paramhansa Yogananda

Taschenbuch, 144 Seiten, 10 Fotos, ISBN 978-3-86616-402-4

Dieses Buch stammt direkt aus der Quelle der Weisheit eines der bedeutendsten spirituellen Lehrer des 20. Jahrhunderts, und es vermittelt ein einzigartiges und außergewöhnliches spirituelles Wissen. Es zeigt umfassend, wie Sie ganz praktisch und konkret im Einklang mit den natürlichen kosmischen und göttlichen Energien leben können und sie gezielt und effektiv für die Erhaltung Ihrer Gesundheit und Vitalität nutzen können. Behandelt werden alle essentiellen Themen, die ein lebenslanges Wohlergehen ermöglichen, von den vielfältigen Aspekten der Ernährung, über Techniken der Entspannung, Regeneration und Verjüngung bis hin zur bewussten Lenkung kosmischer und göttlicher Energien. Das Buch vermittelt Gesundheitswissen von unschätzbarem Wert, das bei jedem Menschen zu lebenslangem Wohlbefinden beitragen kann.

Die stärkende Kraft der Meditation – innere Ruhe und Klarheit gewinnen

Paramhansa Yogananda

Taschenbuch, 128 Seiten, ISBN 978-3-86616-441-3

Dieses Buch des weltberühmten Yogameisters Paramhansa Yogananda (Autor von „Autobiografie eines Yogis") ist ein „Juwel der Weisheit", denn es zeigt uns klar und direkt den Pfad zu wahrer innerer Kraft und Stärke und legt dar, wie wir als Menschen unser größtmögliches Potential realisieren können Denn alles, was wir suchen, ist schon da: in uns selbst, ein „göttlicher Samen", der nur befreit werden muss von inneren Hindernissen, negativen Gedanken und belastenden Gefühlen. Die hier erstmals in deutscher Sprache veröffentlichten Texte mit vielen praktischen Übungen, Affirmationen und Meditationen weisen den Weg in eine neue Dimension des eigenen Lebens. Ein Buch für alle, deren sehnlichster Wunsch es ist, rückhaltlos ihre höchste Bestimmung zu leben und ihr ganzes inneres Licht strahlen zu lassen!

Erfolg ist, wenn deine Seele dein Leben berührt
Paramhansa Yogananda

Taschenbuch, 144 Seiten, ISBN 978-3-86616-451-2

Kann es sein, dass es universelle Kräfte gibt, von denen zu träumen wir kaum wagen und die nur darauf warten, dass wir sie uns zunutze machen? Die alten Heiligen und Weisen Indiens sprachen davon, und mit diesen hier erstmals in deutscher Sprache veröffentlichten Texten von Paramhansa Yogananda wird dieses alte Wissen in diesem Buch neu zusammengefasst. Einer der bekanntesten spirituellen Lehrer des 20. Jahrhunderts zeigt geistige Zugänge und praktische Methoden, wie wir Menschen zu unserer wahren göttlichen Natur gelangen und so die uns innewohnenden Fähigkeiten, Talente und Potentiale in ihrer vollkommenen Qualität entfalten und manifestieren können. Dieses Wissen von unschätzbarem Wert kann Ihr Leben von Grund auf verwandeln und auf allen Ebenen der Existenz zu wahrer Fülle und echtem Erfolg führen.

Karma und Wiedergeburt
Paramhansa Yogananda

Taschenbuch, 128 Seiten, ISBN 978-3-86616-463-5

Einem wahrhaft erleuchteten Meister zu begegnen, ist für jeden Menschen, so sagt man, eine große Gnade. Auch wenn Paramhansa Yogananda, der weltberühmte spirituelle Lehrer und Autor von „Autobiografie eines Yogi", körperlich nicht mehr auf dieser Erde wandelt, so sind sein Geist und seine Lehren lebendiger denn je, wie in diesem kleinen Handbuch. Seine Botschaften entstammen aus anderen Sphären und geben uns Antworten auf die essentiellen Fragen des Menschseins: über die wirkliche Bedeutung von Leben und Sterben, von Karma und Wiedergeburt. Unerschütterlich in der Wahrheit ist in jeder Zeile die Strahlkraft und Liebe des erleuchteten Meisters zu spüren, der uns lehrt, freudvoll unser Leben auszurichten, im Vertrauen auf die universellen Gesetze der göttlichen Schöpfung.

Verbinde dich mit deiner inneren Kraft

Paramhansa Yogananda

Taschenbuch, 144 Seiten, ISBN 978-3-86616-472-7

Dieses kleine Buch, das hier erstmals in deutscher Sprache vorliegt, ist ein Juwel spiritueller Literatur, voll strahlender Klarheit, liebevoller Ermutigung und leuchtender Weisheit, ein Reiseführer zum göttlichen Selbst, übermittelt und verfasst von Paramhansa Yogananda, einem der wohl berühmtesten spirituellen Meister des 20. Jahrhunderts. Wer seinen Worten und konkreten Anweisungen folgt, wird lernen, begrenzende Gewohnheiten und innere Einschränkungen zu überwinden und die enorme Kraft des Geistes und der Konzentration zu nutzen, um sein wahres Selbst zu realisieren. Einmalige Meditationstechniken und zeitlose Einsichten weisen den Weg, wie wir unser gottgegebenes inneres Potential voll und ganz erkennen und auszuschöpfen können.

Lachen, der beste Weg zur Erleuchtung

Paramhansa Yogananda

Taschenbuch, 144 Seiten, ISBN 978-3-86616-480-2

Wie befreiend Lachen sein kann, weiß jeder! Um so mehr, wenn wir als spirituell Suchende so ganz ernsthaft die letzte aller Wahrheiten zu durchdringen versuchen und sich alle Anstrengung in einem großen freudvollen Lachen auflöst. Der berühmte Yogananda war ein Meister des göttlichen Humors und viele seiner Schüler wurden von seiner strahlenden Freude, seiner unbeschwerten Fröhlichkeit und seinem tiefgründigen Witz tief berührt. Dass Weisheit und Humor eine wunderbare Kombination sind, davon erzählt dieses Buch, gibt viele mitreißende Episoden und Geschichten wieder, mit denen Yogananda seine Schüler erfreute und manchmal zu wahren Lachanfällen brachte. Sein liebevoller Humor trifft uns alle mitten ins Herz - erhellend, erleuchtend, befreiend und manchmal einfach umwerfend.

Yoga des Yogananda
Klassische Texte und Übungen für heute
Jayadev Jaerschky

Broschur, 352 Seiten, 200 farbige Fotos,
ISBN 978-3-86616-442-0

Yogananda gilt als einer der herausragendsten spirituellen Persönlichkeiten des 20 Jahrhunderts. Mit seinem Bestseller „Autobiografie eines Yogi" hat er Menschen weltweit eine ganz neue geistige Dimension des Yoga eröffnet. Dass hier nun erstmals ein vollständiges Handbuch seiner einmaligen Praxis zur Verfügung steht, ist ein großes Geschenk für alle, die den Yogaweg gehen. Denn es verbindet uns mit der Quelle der Weisheit eines erwachten Meisters, dem Yoga immer ein Weg der inneren Befreiung und des tiefen Mitgefühls war. Nichtsdestotrotz sind die Übungen und Meditationen der Energiewahrnehmung und -lenkung, die Affirmationen sowie Positionen und die vielen praktischen Hinweise absolut einzigartig und führen uns, ob Anfänger oder Fortgeschrittene, stets zur unmittelbaren Essenz des Seins.

Die universelle Liebe hinter all unseren Beziehungen
Paramhansa Yogananda

Taschenbuch, 144 Seiten, ISBN 978-3-86616-488-8

Erfüllende menschliche Beziehungen zu gestalten, ganz gleich ob mit dem Partner, mit Freunden oder innerhalb der Familie, gehört zu unseren größten Herausforderungen überhaupt. Paramhansa Yogananda, der erleuchtete Yogameister und Autor der *Autobiografie eines Yogi*, zeigt uns in diesem Buch, dass in jeder menschlichen Verbindung ein göttliches Geschenk steckt: das Potenzial zur Transformation und zur Entfaltung unserer edelsten menschlichen Eigenschaften. In seiner unnachahmlichen Weise gibt er praktische Tipps und Anleitungen und zeigt Wege auf, wie die universelle Liebe in all unsere Verbindungen Einzug halten kann. Denn jede Beziehung hat ihre eigene göttliche Wahrheit und dieses Buch hilft uns, sie zu finden, uns bewusst zu machen und zu leben!